Gudrun Braem

Neue kinderleichte Fensterbilder

Verlag Ritschel

Vorwort

Mit den neuen kinderleichten Fensterbildern lassen sich das ganze Jahr über herrliche Dekorationsteile für das Fenster, die Türen oder als Mobile an Decken oder Lampen herstellen. Der Arbeitsaufwand ist nicht groß, denn direkt neben den Fotos befinden sich die Arbeitsvorlagen in Originalgröße, wodurch ein mühsames Heraussuchen aus einem Schnittmusterbogen entfällt.
Das benötigte Bastelmaterial ist leicht zu beschaffen, denn es werden nur bunte Tonpapiere, Kartons, Klebstoff und Schneidewerkzeuge benötigt. Neben dem Spaß beim Basteln können die Fensterbilder als Geschenk für die ganze Familie und Freunde dienen.
Dieses Bastelbuch enthält für jeden etwas: leichtere Fensterbilder mit wenigen Teilen für die kleineren und anspruchsvollere für die fortgeschrittenen Bastler. Selbst jüngere Kinder können sich an schwierigere Arbeiten heranwagen, wenn die älteren Geschwister oder Eltern dabei helfen, besonders wenn zum Schneiden ein Papiermesser oder Cutter benötigt wird.
Die Motive einzelner Fensterbilder können selbstverständlich abgeändert werden. So kann man Einzelteile weglassen, die Anzahl kleinerer Anhänger verändern, andere Papiersorten, z.B. auch Geschenkpapierreste, verwenden. Beim Basteln kommen die eigenen Ideen!
Die Tips, die bei einigen Arbeitsanleitungen zu finden sind, helfen dabei, die Motive auch für andere Bastelarbeiten zu verwenden.
Am Schluß meines Vorwortes möchte ich meinem Ehemann Dr. Guido Braem für seine ermutigende Unterstützung, und besonders für die von ihm gemachten Fotos für dieses Buch, danken.
Mein weiterer Dank gilt den Firmen Pelikan, Ursus, Eberhard Faber und Uhu, die mich mit ihren Warenmustern unterstützt haben.

Nun viel Spaß und Erfolg beim Basteln der neuen kinderleichten Fensterbilder wünscht

Gudrun Braem

Inhalt

In diesem Kapitel beschreibe ich die Materialien, die ich für die Fensterbilder in diesem Buch benötigt habe. Manchmal sind die Bezeichnungen dafür je nach Firma unterschiedlich. Falls du nicht genau weißt, was damit gemeint ist, bitte einen anderen um Rat. Das meiste kann man in einem Bastelgeschäft oder einer Schreibwarenhandlung kaufen. Ich gebe auch die Dicke der Papierarten an. Als Vergleich mag dir folgendes helfen: Zeichenpapier ist 85 – 90 g/qm schwer; je dicker das Papier ist, um so größer ist die Zahl.

Benutzte Materialien

Tonpapier oder farbiges Tonzeichenpapier

(meist 130 g/qm) ist ein buntes dickeres Papier, das es in vielen Farben, auch als Leucht-Tonpapier (Firma „Pelikan") in Schockfarben, gibt. Es ist lieferbar in verschiedenen Größen von Einzelbögen (z. B. Firma „Ursus") bis hin zu sortierten Mappen im DIN A4 Format oder etwas größer (z. B. von „Pelikan"). Es wird für die ausschmückenden Teile benutzt, oder wenn eine Figur doppelt ausgeschnitten wird, weil du etwas dazwischenkleben mußt.

Fotokarton oder Tonkarton

ist ein bunter, stabiler Karton (meist 220–300 g/qm). Er hat eine glatte oder auch geprägte Oberfläche (z. B. „Fotokarton geprägt" von der Firma „Ursus") in den Größen von 50 x 70 cm als Einzelbögen oder 35 x 50 cm als Mischung in vielen Farben. Er wird für Rahmen und Grundformen verarbeitet, da er dicker ist.

Öko-Schnipselkarton

ist ein relativ neuer Karton, der aus Recyclingpapier hergestellt wird und bunte Papierschnipsel enthält. Er ist sehr stabil (300 g/qm) und in Einzelbögen zu 50 x 70 cm, auch als Sortiment in 6 verschiedenen Farben, erhältlich. Die Grundfärbung ist blasser als beim Fotokarton und in den Farbtönen gelbgrün, rosa, hellblau, hellgrau, hellgrün und hellila von der Firma „Ursus" erhält-

lich. Ich habe z. B. den Sack des Skateboard-Nikolaus daraus angefertigt.

Regenbogen-Tonpapier

ist ein in verschiedenen Farben beidseitig bedrucktes Buntpapier, bei dem mehrere Farbtöne, wie bei einem Regenbogen, ineinander verlaufen. Es ist in Werkmappen mit je 10 unterschiedlichen Farbverläufen und mehreren Größen erhältlich (z. B. von „Pelikan").
Es gibt auch noch das einseitig bedruckte Regenbogenfarben-Buntpapier. Ich habe allerdings immer das stabilere Regenbogen-Tonpapier benutzt.

Sternchenbastelfolie

gibt es als einseitig oder zweiseitig kaschiertes Metallpapier, in das kleine Sternchen eingeprägt sind und es dadurch matter wirkt. Sie ist dünn und biegsam, auf einer Rolle, auch als Geschenkpapier zu verwenden, oder als gemischte Blattzuschnitte in unterschiedlichen Größen und Farben erhältlich. Ich habe sie für die Engel benutzt.

Bastelfolie

ist ebenfalls ein in verschiedenen metallischen Farben beschichtetes Papier, auf Rollen oder in sortierten Werkmappen (z. B. von „Pelikan"). Oft sind Vorder- und Rückseite verschiedenfarbig.

Geschenkpapier

ist eigentlich ein mit unterschiedlichen Motiven einseitig bedrucktes Einwickelpapier, auf Rollen oder als Einzelbögen erhältlich. Meist kannst du hier sehr gut Reste benutzen. Nimm jedoch nur das festere, das du daran erkennst, daß es auf der Rückseite weißlich ist. Ich habe es für kleinere ausschmückende Teile beidseitig auf Graupappe geklebt, damit es stabiler wird, z. B. beim „Weihnachtsmann mit Päckchen".

Hochtransparentes Zeichenpapier oder „Butterbrotpapier"

wird zum Abpausen von Vorlagen benutzt. Es ist ein helles, lichtdurchlässiges Papier, das du über ein anderes legen und dann durchsehen kannst, um etwas nachzuzeichnen.

Leichte Graupappe

ist ein dünner Karton, der auf der einen Seite grau und auf der anderen Seite mit Papier beschichtet ist. Du kannst sie kaufen oder aber benutzt Verpackungsabfall von z. B. Keksen, Reis, usw. Achte darauf, daß sie nicht zu dick ist und sich noch gut mit einer Schere schneiden läßt.
Die Graupappe habe ich für die Herstellung von Schablonen benötigt, wenn

ich ein Motiv mehrmals benutzen wollte. Ebenfalls brauchte ich sie zum Verstärken von Geschenkpapier oder Metallfolie.

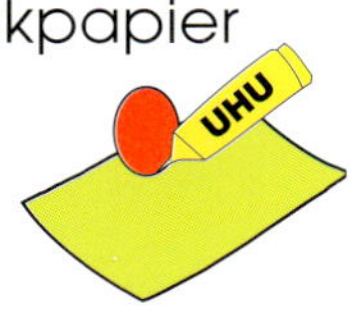

Klebstoffe

Der richtige Klebstoff ist mitentscheidend für den Erfolg einer Bastelarbeit. Man sollte eigentlich aus Umweltschutzgründen den lösungsmittelfreien Kleber benutzen. Aber ich habe verschiedene solcher Klebstoffe ausprobiert und festgestellt, daß er für Fensterbilderarbeiten nicht geeignet ist. Er trocknet zu langsam und wellt bei großflächigen Arbeiten das Papier. Ich habe deshalb für punktförmige Klebearbeiten „Uhu Alleskleber extra" benutzt, weil er nicht tropft, und für größere Flächen „Uhu Flinke Flasche" mit Lösungsmittel genommen.

Was man sonst noch braucht

Da du viel schneiden mußt, ist eine gute spitze Papierschere ein wichtiges Werkzeug. Auch ein Papierschneidemesser, auch Cutter genannt, bei dem die Klinge immer wieder abgebrochen werden kann, ist manchmal nötig.
Dabei mußt du besonders vorsichtig sein, denn ein Cutter ist sehr scharf! Bist du unsicher, benutze den Cutter bitte nur mit Hilfe Erwachsener oder nimm eine spitze Nagelschere. Im nächsten Kapitel erkläre ich die Handhabung eines Cutters noch ausführlich.

Weiteres Material sind:
Spitzer, Bleistift und Radiergummi, Filzstifte, die besonders deckend malenden „Dicki Farbstifte" oder „Super Dicki Farbstifte" (Fa. Eberhard Faber), Nähfaden und Nähnadel, Ringelbändchen, Pauspapier, Büroklammern als Hilfsmittel bei doppelt auszuschneidenden Formen, alte Zeitungen oder dickere Pappe, z. B. die Rückseite eines Zeichenblocks, als Unterlage beim Schneiden und Kleben.

Allgemeine Anleitungen

In diesem Kapitel findest du wichtige Hinweise für deine Bastelarbeiten.
Hier sind die Arbeitsvorgänge beschrieben, die sich oft wiederholen. Vieles kannst du auch schon auf dem Foto und der Beschreibung zu jedem Fensterbild erkennen.
Wenn du nicht weiter weißt, lies in diesem Kapitel unter den entsprechenden Fragen nach oder bitte auch andere um Hilfe.

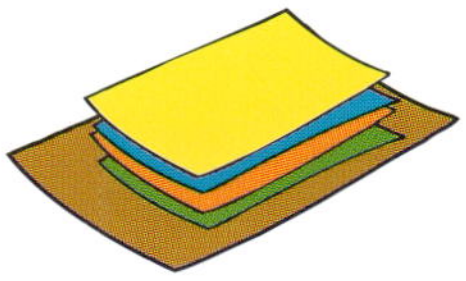

Welches Papier oder welchen Karton nehme ich?

Für die Grundformen und größeren Teile benutzt du den dickeren Fotokarton. Die ausschmückenden Teile stellst du aus Tonpapier oder Regenbogen-Tonpapier her. Diese kleineren Teile werden auf das Grundelement geklebt. Falls du möchtest, daß dein Fensterbild auf beiden Seiten gleich schön aussehen soll, mußt du sie aus doppelt gefaltetem Papier ausschneiden und sie gegengleich anbringen. Überlege aber vorher genau, auf welche Seite der Klebstoff aufgestrichen werden muß, damit die Teile gut gegeneinander passen. Welche Farben und ob du normales oder Regenbogen-Tonpapier nehmen könntest, siehst du auf dem Foto und der Materialliste zu jedem Fensterbild. Selbstverständlich läßt sich die Auswahl der Papierarten auch nach deinem Geschmack abändern. Bevor das Ausschneiden beginnen kann, muß erst einmal die Vorlage auf den farbigen Karton übertragen werden.

Wie entnehme ich die Vorlage aus dem Buch?

Die einfachste Methode ist, die Motivzeichnungen aus dem Buch zu fotokopieren. Falls du dazu keine Möglichkeit hast, mußt du die Vorlagen abpausen, indem du ein Transparentpapier oder Butterbrotpapier auf die entsprechende Seite legst, es mit Büroklammern an den Ecken befestigst und die Linien nachzeichnest.

Wie übertrage ich die Motive auf die farbigen Papiere?

Solltest du ein Motiv mehrmals benötigen, stellst du aus Graupappe Schablonen her. Dazu klebst du deine kopierte Vorlage auf die Pappe und schneidest die Einzelteile aus. Nun kannst du sie auf dein ausgewähltes farbiges Papier oder den Karton legen und drumherum zeichnen. Nimm aber einen gut gespitzten Bleistift dazu, damit die Striche nicht zu dick werden.
Brauchst du eine Vorlage nicht so oft, paust du sie mit Kohlepapier auf. Lege es hierfür mit der beschrifteten Seite nach oben auf deinen farbigen Karton oder das Papier, dann dein Vorlagenblatt obenauf und hefte alle Blätter gut mit Büroklammern fest, damit nichts verrutschen

kann. Jetzt fährst du mit Bleistift oder Kugelschreiber die Linien auf deiner Vorlage nach. Sie drücken sich auf das Farbpapier durch.
Bevor du die Blätter abhebst, vergewissere dich, ob du keinen Strich vergessen hast. Später kannst du eine ausgelassene Linie nicht mehr genau anfügen.
Eine weitere Möglichkeit ist, anstelle der Verwendung des Kohlepapiers, dein Vorlagenblatt auf der Rückseite mit Bleistift oder einem Graphitblock anzuschwärzen, es aufzulegen und die Zeichnung durchzudrücken. Der Vorteil dieser Methode ist, daß nur ein Blatt auf der Pappe aufliegt und ungenau gemalte Linien sogar radiert werden können. Ich empfehle diese Übertragungsart den jüngeren Kindern.

Wie schneide ich die Teile aus?

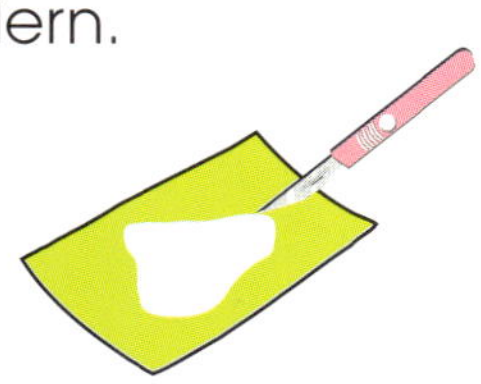

Vor dem genauen Ausschneiden solltest du die Einzelteile mit der Schere in groben Umrissen ausschneiden. So kannst du das Teil genauer bewegen.

So schneidest du mit dem Cutter

a) Wie schneide ich die Außenränder?
Die Außenlinie einer Figur schneidest du immer zuerst. Benutze eine scharfe Papierschere, die auch im Spitzenbereich gut schneidet. Führe deine Schere möglichst genau auf der Linie entlang, oder etwas daneben, damit man hinterher die Striche nicht so sieht. Bei schwierigen, gezackten und engen gebogenen Rändern wie z.B. den Haaren des Clowns, schneidest du diese von der äußeren Ecke zur Spitze hin. Doppelt gelegte Teile werden mit Büroklammern festgesteckt, damit beim gleichzeitigen Schneiden beider Papiere nichts verrutschen kann.

b) Wie schneide ich die inneren Teile heraus?
Du kannst die Innenteile mit einem Cutter oder einer Nagelschere kreuzförmig einschlitzen, damit du mit der Papierschere hineinkommst. Das Teil darf kaputtgehen, da es nicht gebraucht wird. Eine andere Möglichkeit ist, dafür den Cutter zu benutzen. Den Umgang mit diesem Werkzeug möchte ich dir ausführlicher erklären.

c) Wie schneide ich mit dem Cutter?
Als Schneideunterlage dient eine dicke Pappe, wie z.B. die Rückseite eines Zeichenblocks. Halte den Cutter wie einen Stift in der Hand und ziehe mit der Spitze unter leichtem Druck die vorgezeichnete Linie entlang.
Achte darauf, daß die andere Hand, die den Karton festhalten sollte, seitlich aufliegt. Bitte nie unter die zu schneidende Linie legen, du könntest mal abrutschen und dir dann in die Hand schneiden (siehe Foto)!
Bei kurvigen und gezackten Innenlinien drehst du bitte das Stück immer wieder.
Sieht die Schnittkante gefranst aus oder ist nicht an jeder Stelle durchtrennt, mußt du die Klinge abbrechen. Jeder Cutter hat am Ende ein abnehmbares Teil mit einem Schlitz, mit dem du die

So bringst du die Aufhängefäden an

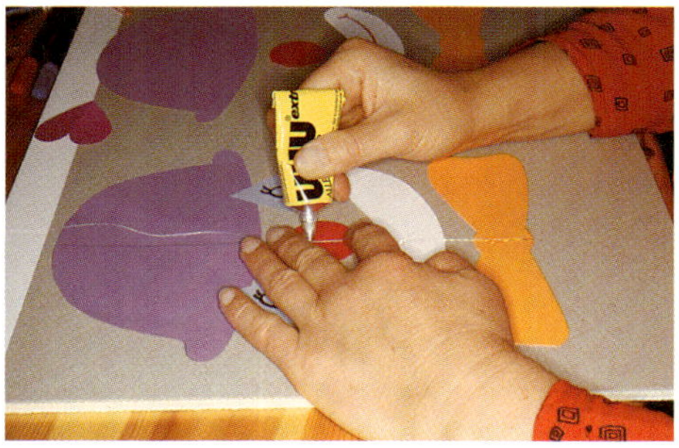

stumpfe verbrauchte Spitze abbrechen kannst. Wirf sie bitte gleich weg, denn sie ist noch scharf genug, um sich daran verletzen zu können (siehe Foto Seite 9).

Noch ein Tip: Falls du das erste Mal mit einem Cutter schneiden willst, probiere vorher auf einem Kartonrest aus, Linien und Kurven zu schneiden.

Wie klebe ich die Einzelteile?

Nachdem du alle Teile ausgeschnitten hast, ordnest du sie. Laß gegengleich anzubringende Teile aufeinander liegen, damit du ein Gegenstück nicht versehentlich auf der verkehrten Seite mit Kleber bestreichst. Bei einigen Teilen darfst du nicht das gesamte Stück mit „Uhu" bestreichen, weil sie nur wenig Überschneidungsfläche haben (z.B. Hose des Clowns). Du kannst dir auch eine dünne Hilfslinie ziehen, die am Schluß wieder wegradiert wird. Bei einigen Arbeiten habe ich dir schon eine als „Klebelinie" bezeichnete Hilfe in die Vorlagen eingezeichnet.

Wie befestige ich die Aufhängefäden?

Bei zweifach geschnittenen Elementen eines Fensterbildes (z.B. Fallschirm) kannst du den dünnen Faden gleich zwischen beide Teile kleben. Lege den Nähfaden auf das unterste Teil, spanne ihn zwischen zwei Fingern, und streiche „Uhu Alleskleber extra" darauf (siehe Foto Seite 9). Laß den Faden einen Moment antrocknen. Trage auf der restlichen Fläche der Figur den Kleber auf. Das Gegenstück wird nun aufgedrückt (siehe Foto). Auch bei kleineren beweglichen Teilen in einer größeren Innenöffnung (z.B. beim Apfelbaum) kannst du den Aufhängefaden mit einem Tropfen Kleber einfach befestigen. Du mußt nur einige Minuten warten, bis der Klebstoff ganz hart geworden ist, bevor du das überflüssige Fadenende kürzen kannst. Für andere angehängte Teile oder das gesamte Fensterbild ziehst du mit einer Nähnadel den Faden durch und verknotest ihn mit einem doppelten Knoten.

So brichst du die Klinge vom Cutter ab

So klebst du die Gegenstücke an

Jetzt bist du fertig

Bastelanleitungen für die einzelnen Fensterbilder

Nach den vielen allgemeinen Anleitungen kommen endlich die Bastelbeschreibungen für jedes einzelne Fensterbild.

Neben der Anleitung und der Materialliste findest du immer ein Foto und die Vorlagenzeichnungen in Originalgröße. Manchmal überschneiden sich Teile.

Achte dann auf die verschieden gezeichneten Linien.

In der Materialangabe nenne ich keine Farben und keine Werkzeuge. Das weißt du auch so.

Die Fensterbilder habe ich nach unterschiedlichen Anlässen geordnet. So kannst du für jede Gelegenheit schnell das passende heraussuchen.

Ich wünsche dir viel Freude beim Basteln meiner neuen kinderleichten Fensterbilder!

Henne im Gras

Tip

Die Einzelteile der Henne kannst du aus Stoff oder Filz schneiden und mit doppelseitig klebender Aufbügelvlieseline auf ein etwa 40 cm großes eiförmiges Stoffset bügeln. So hast du ein passendes Platzdeckchen für den Frühstückstisch.

Material:
Fotokarton, Tonpapier, Nähfaden, „UHU Alleskleber extra"

Du schneidest das Gras einmal aus Fotokarton.
Die Flügel, das Ei und den Körper fertigst du zweifach aus dem dünneren Tonpapier an.
Den Kopf benötigst du nur einmal. Klebe ihn und das Gras zwischen die Körperformen.
Nun befestigst du jeweils auf der Vorder- und Rückseite das Ei und den Flügel nur an seiner Rundung, damit du ihn später noch wegklappen kannst.

Zum Schluß hängst du beliebig viele Eier mit Nähfäden am Gras an und verknotest den Aufhängefaden.
Male der Henne mit schwarzem Filzstift die Augen.

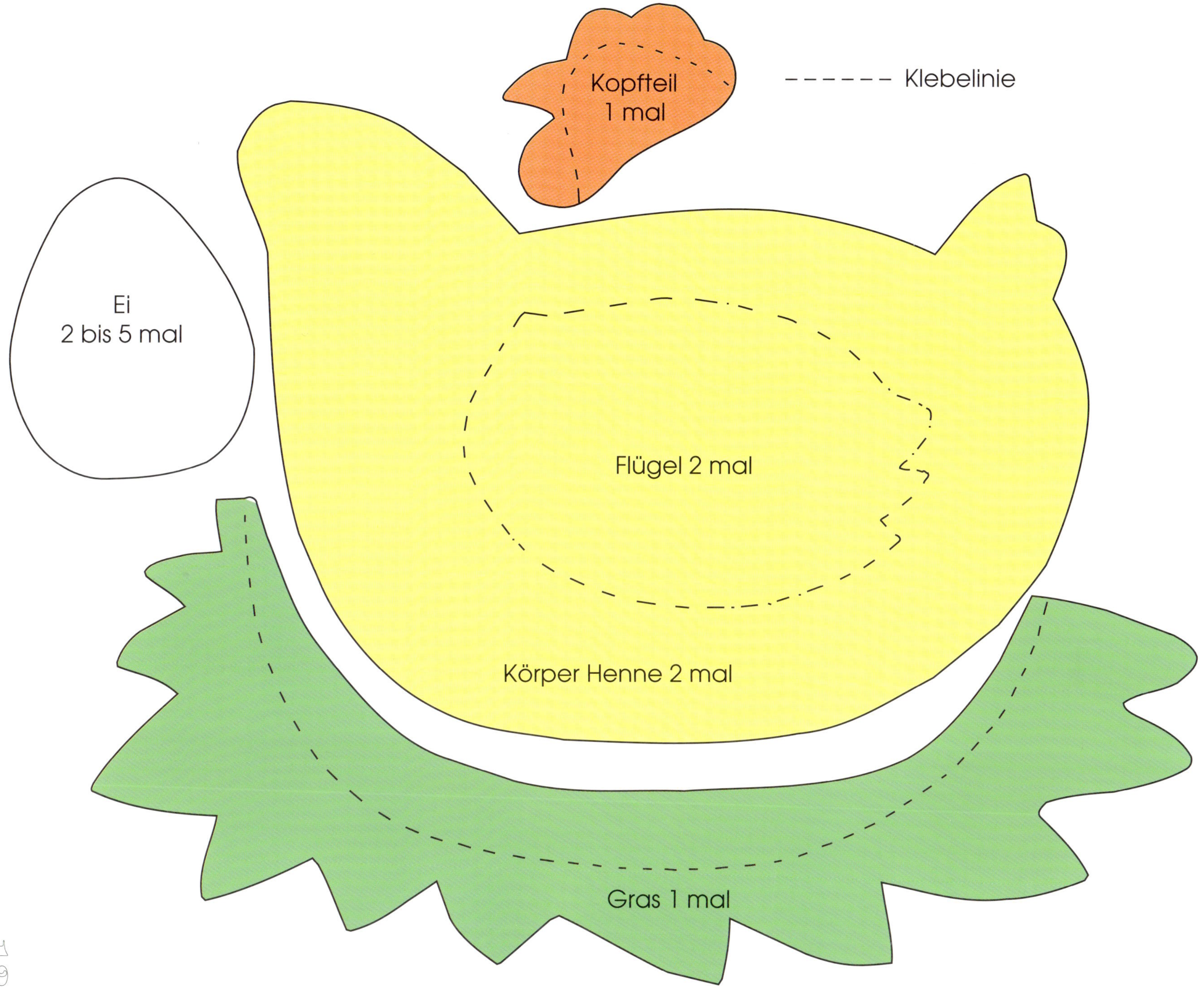
Kopfteil
1 mal
Klebelinie
Ei
2 bis 5 mal
Flügel 2 mal
Körper Henne 2 mal
Gras 1 mal

Jongleur-Hase

Material: Tonkarton, Tonpapier, Regenbogen-Tonpapier, Nähfaden, „EFA Super Dicki Farbstifte", Alleskleber

Schneide den Hasenkörper einmal aus dem dickeren Tonkarton aus. Das Hemd und die Hose fertigst du doppellagig aus Tonpapier oder Regenbogen-Tonpapier an.
Damit beklebst du den Hasenkörper auf der Vorder- und Rückseite. Die Schleife wird nur vorn und der Schwanz nur hinten so angebracht, daß er zwischen den Beinen ein wenig übersteht.
Schneide nun 3 Eier aus und verknote sie mit dünnem Nähfaden, wie du es auf dem Foto siehst, an den Händen des Hasen.
Das mittlere Ei versiehst du mit dem Aufhängefaden.
Nun malst du dem Hasen mit weißem Dicki Farbstift das Gesicht.

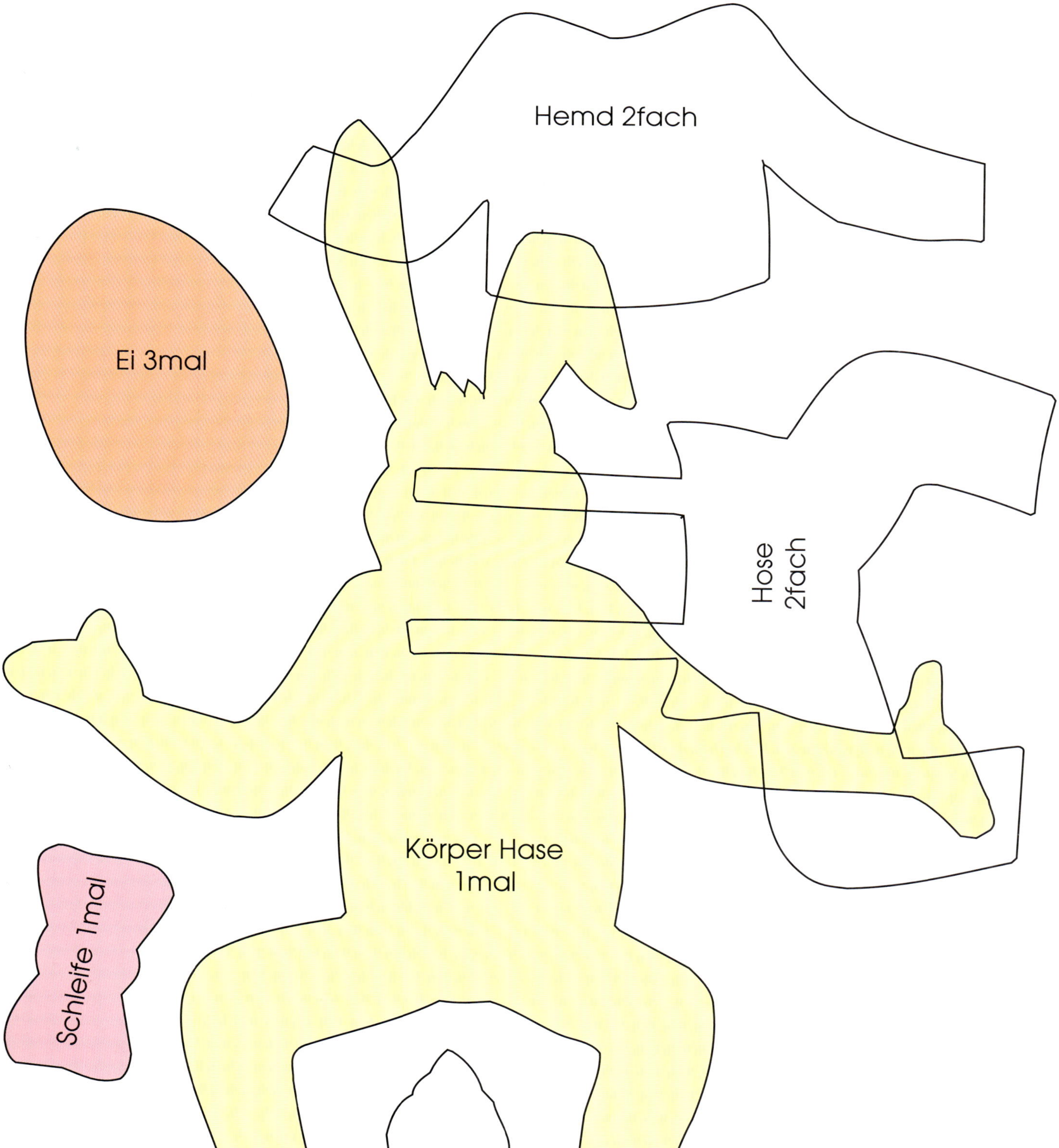
Hemd 2fach
Ei 3mal
Hose 2fach
Körper Hase 1mal
Schleife 1mal
Schwanz 1mal

Hühnchen im Riesenei

Material: „Ursus Fotokarton“, Nähfaden, Alleskleber

Die Eiform und die 4 Hühnchen schneidest du aus dem stabileren Fotokarton je einmal aus.
Die vier kleinen eiförmigen Ausschnitte kannst du mit Hilfe des Cutters, wie ich es dir vorn beschrieben habe, heraustrennen.
Da die Befestigung der Hühnchen so sein muß, daß sie sich bewegen können, klebst du die dünnen Fäden mit Klebstoffpunkten an (siehe vorn).

Tip

Stelle dir von einem eiförmigen Ausschnitt eine Schablone her. So hast du die Möglichkeit, eine ganze Decke mit gleichmäßigen Ostereiern zu bedrucken. Du brauchst nur das Loch mit Hilfe eines Borstenpinsels und Stoffmalfarbe innen auszumalen.

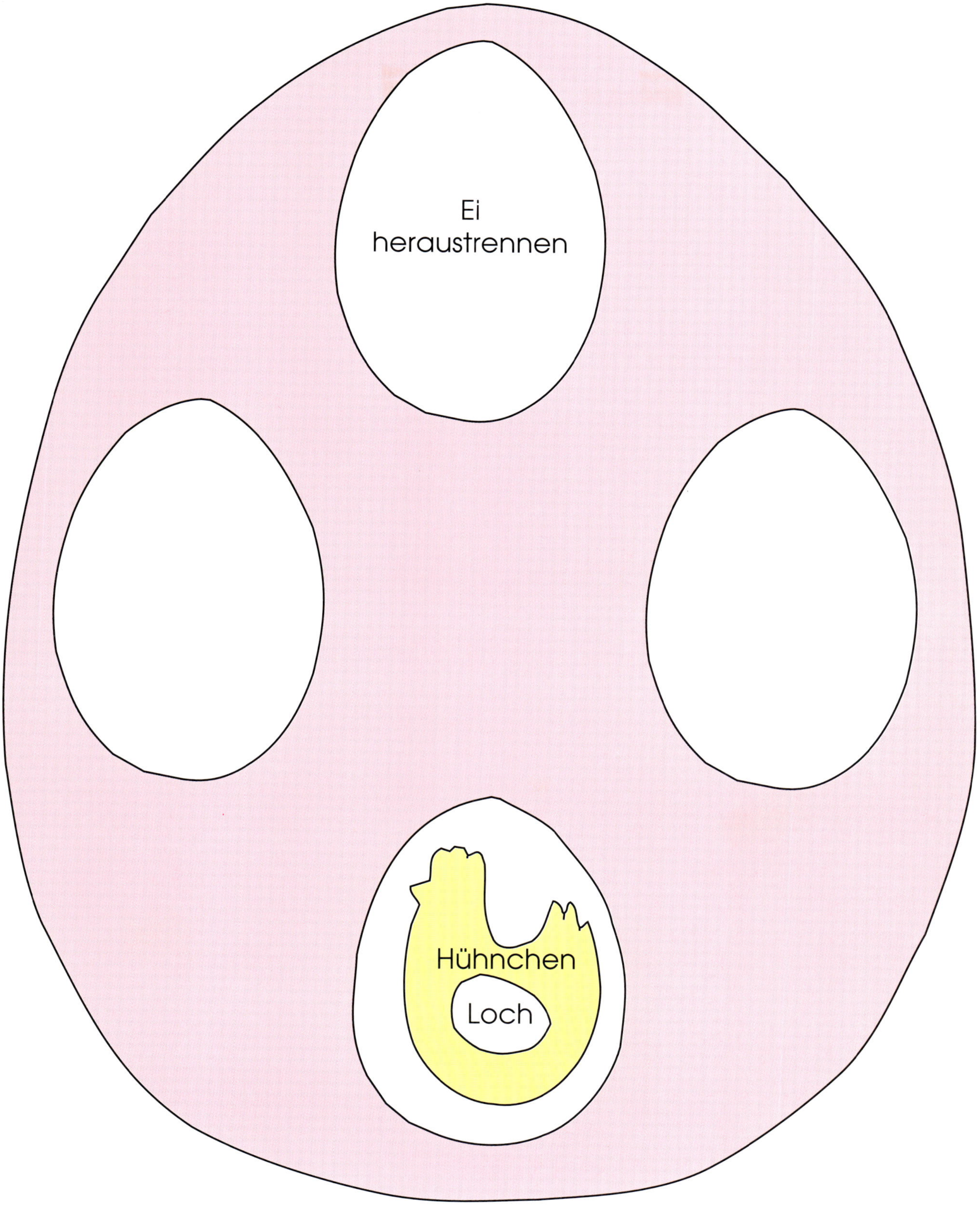
Ei
heraustrennen
Hühnchen
Loch

Hasen-frau

Material: Fotokarton, Tonpapier, Regenbogen-Tonpapier, Nähfaden, Buntstifte, „Uhu Flinke Flasche“

Schneide den Kopf, den Fuß, den Schwanz und die 3 Eier aus dickerem Fotokarton einmal aus, die Arme doppelt.
Das Kleid, die Ärmel und die Schürze werden aus doppelt gelegtem Tonpapier hergestellt.
Auf dem rückwärtigen Kleid befestigst du den Kopf, den Fuß und den Schwanz.
Das vordere Kleid wird genau passend aufgeklebt.
Auch die Schürzenteile werden beidseitig angebracht.
Klebe nun ein Ei zwischen die Arme und darüber die Ärmel und alles gegen das Kleid.
Verknote die restlichen Eier an der Hand der Hasenfrau.
Zum Schluß malst du das Gesicht.

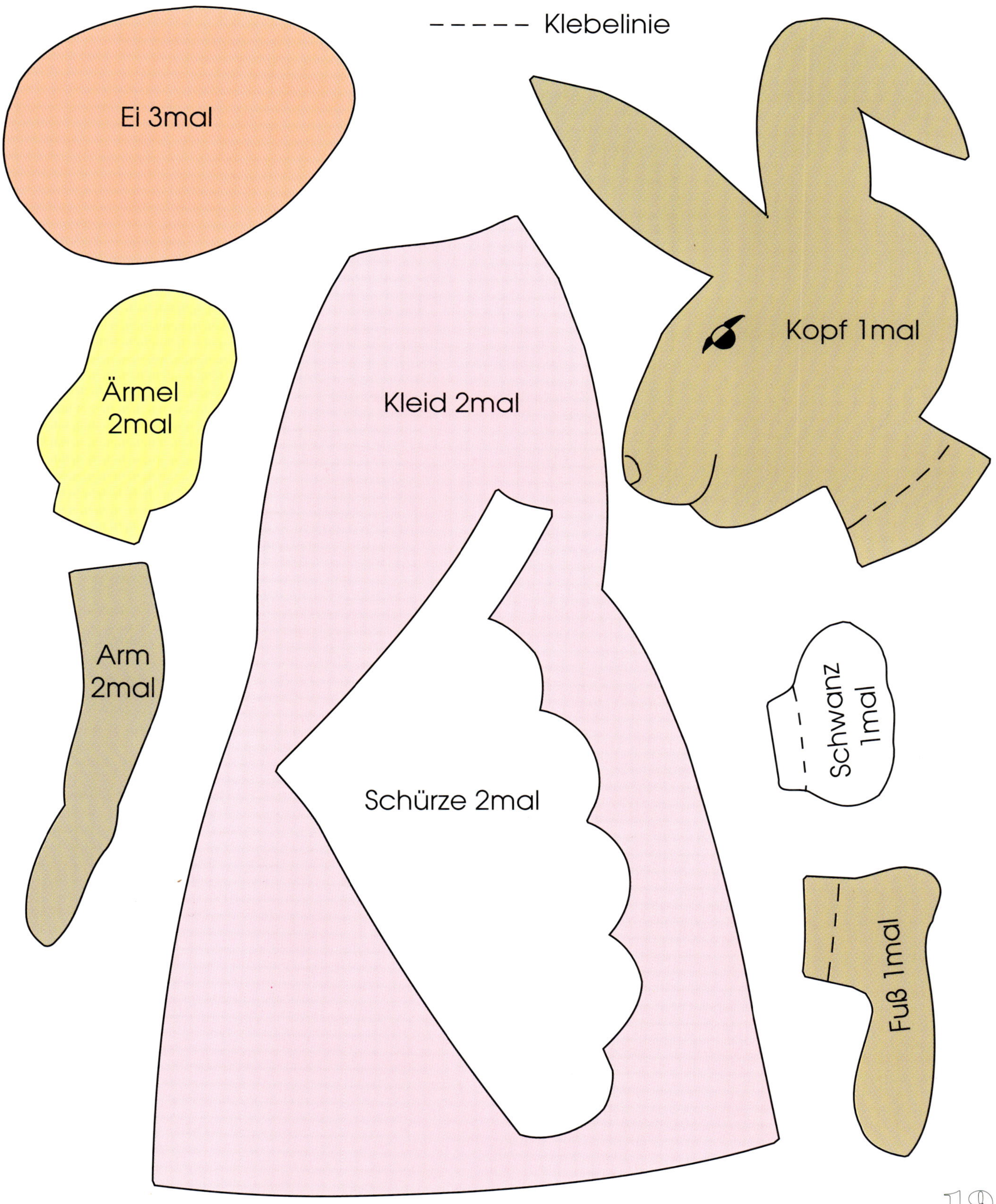
----- Klebelinie
Ei 3mal
Kopf 1mal
Ärmel
2mal
Kleid 2mal
Arm
2mal
Schürze 2mal
Schwanz
1mal
Fuß 1mal

Hasen-parade

Material: Tonkarton, „Uhu Alleskleber extra", Nähfaden

Hier ist ein Vorschlag, der beliebig abgewandelt werden kann:
Du kannst einen bis fünf verschiedene Hasen auswählen und beliebig viele Formen verknüpfen und in einer langen Reihe aufhängen oder viele nebeneinander.
Die Grundform mußt du so oft in verschiedenen Farben aus Tonkarton ausschneiden, wie du Hasen haben willst.
Die unterschiedlichen Hasen stellst du einfach aus braunem Tonkarton her und klebst sie jeweils punktförmig am Rand in die Eiformen.
Zum Schluß hängst du sie mit Nähfaden untereinander oder beliebig nebeneinander.

Die Hasen ohne die Eiform kannst du auch als Anhänger für einen Osterstrauß herstellen. Vielleicht nimmst du dazu bunte Farben und bindest ihnen noch Schleifen aus Ringelbändchen um.

Tip

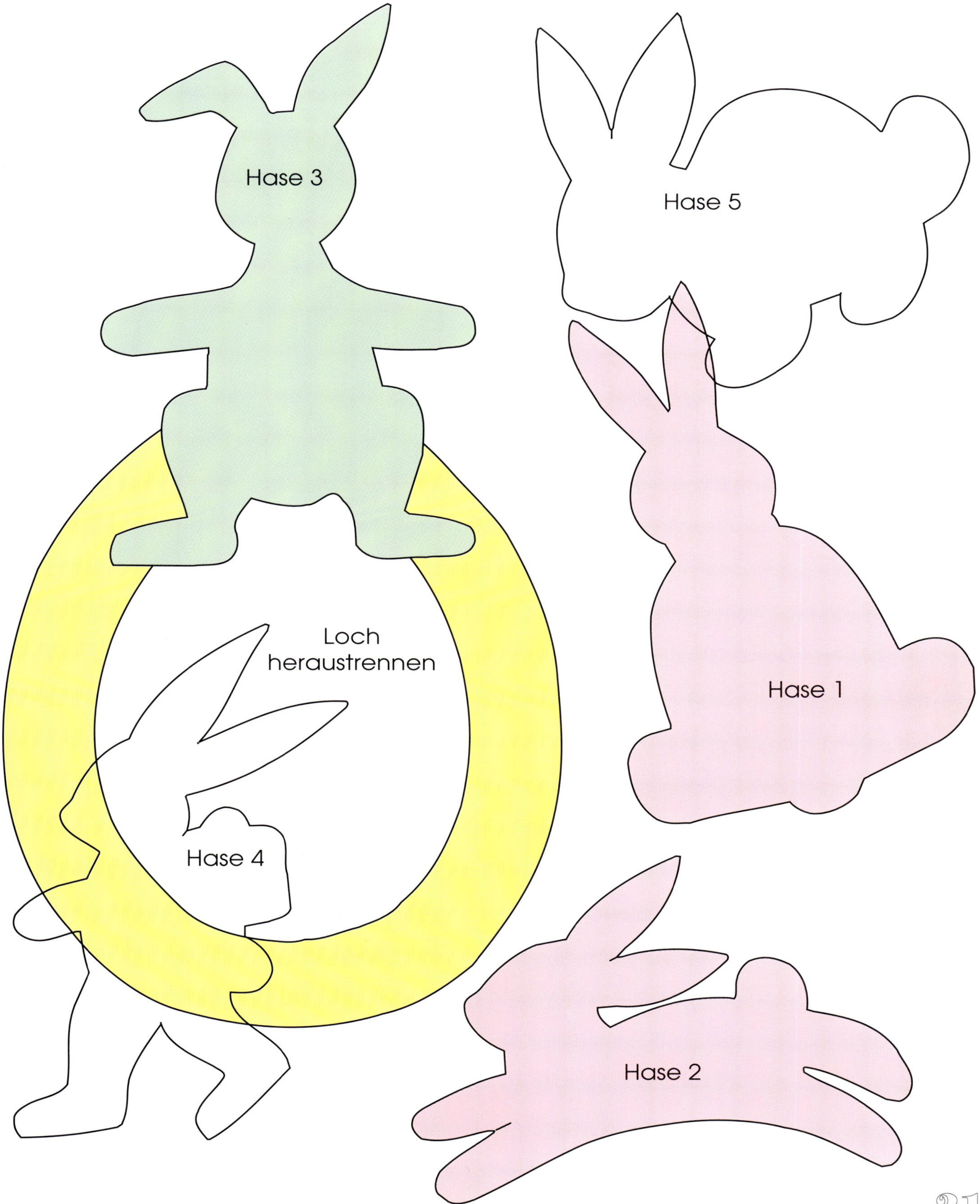
Hase 3
Hase 5
Loch
heraustrennen
Hase 1
Hase 4
Hase 2

Hahn im Körbchen

Material: „Ursus geprägter Fotokarton", Tonpapier oder Regenbogen-Tonpapier, Alleskleber, Ringelbändchen

Du schneidest das Körbchen aus Fotokarton. Den Körper, den Kopf und den Flügel stellst du aus Tonpapier her. Klebe den Körper bis zur Klebelinie auf den Kopf. Den Flügel befestigst du nur an der Rundung punktförmig, damit du ihn wegknicken kannst. Den fertigen Hahn bringst du nun am Körbchen an. Achte darauf, daß du nicht die gesamte Fläche mit Kleber einstreichen darfst, damit nichts verschmiert. Soll dein Fensterbild von der Rückseite auch schön aussehen, so mußt du die Teile für den Hahn gleich zweifach ausschneiden und entsprechend dagegen kleben. Verzieren kannst du den Korb mit Schleifen aus Ringelbändchen und auch mit Trockenblumen.

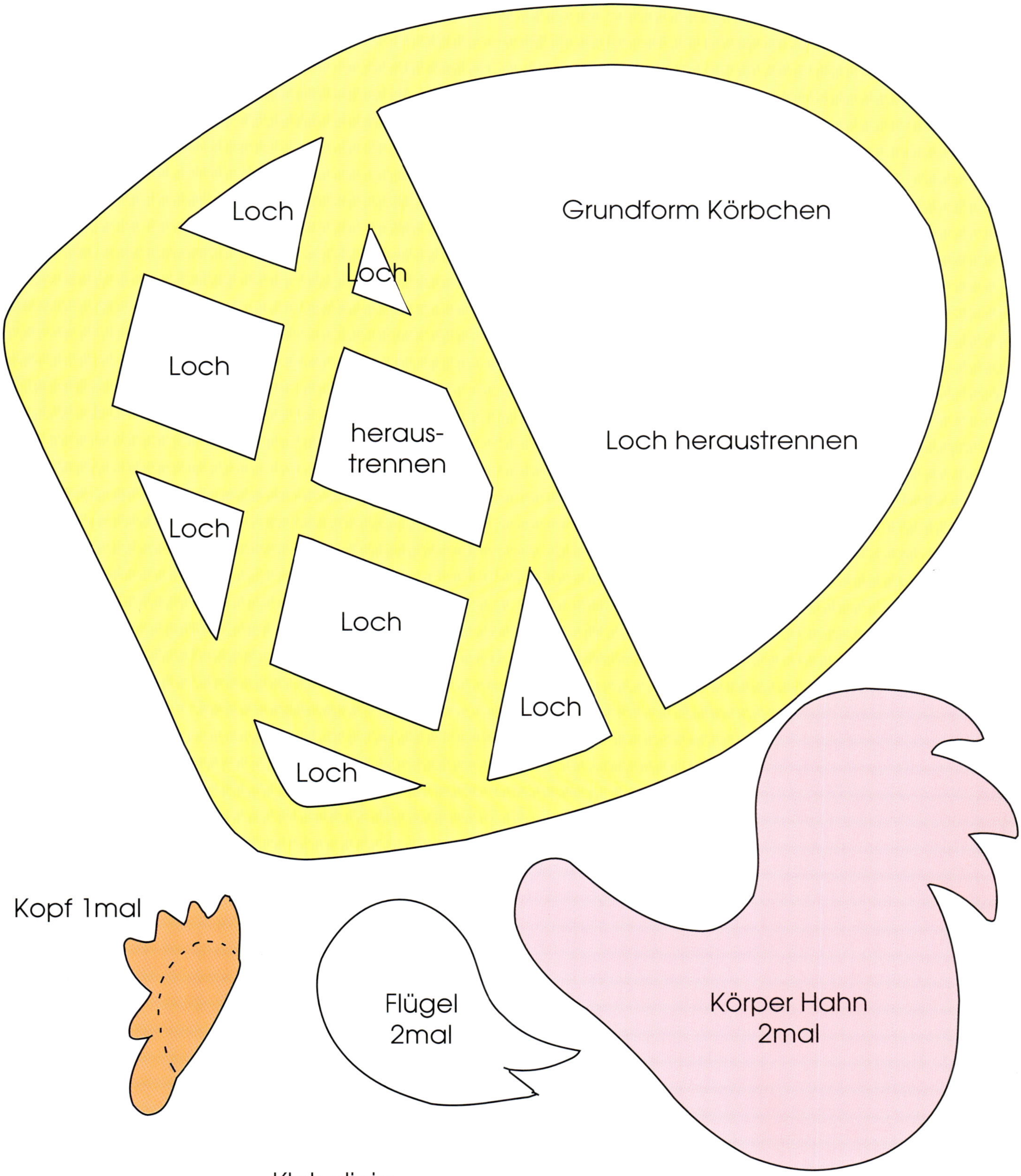
Grundform Körbchen
Loch heraustrennen
Loch
Loch
Loch
heraus-
trennen
Loch
Loch
Loch
Loch
Kopf 1mal
Flügel
2mal
Körper Hahn
2mal

---- Klebelinie

Kaninchen im Zauberhut

Material: Tonkarton, Tonpapier, Filzstift, Nähfaden, „Uhu Alleskleber extra"

Die Grundform für den Hut schneidest du einfach, das Hutloch doppelt aus Tonkarton aus.
Die Hutkrempe, das Hutband, das sitzende und das springende Kaninchen werden doppelt aus Tonpapier gefertigt. Das Hutband und die Hutkrempe klebst du beidseitig auf die Grundform. Das Hutloch mußt du noch mit einem etwa 5 cm langen Einschnitt in der Mitte versehen und das springende Kaninchen hineinstecken.
Beklebe erst eine Seite der Grundform mit dem Hutloch und dem Kaninchen darin, so daß du die Möglichkeit hast, die Figur, die du auf der Rückseite dagegen kleben willst, genau anzupassen.
Ist dir das zu schwer, so reicht es auch, alles nur von einer Seite zu bekleben.
Befestige die beiden sitzenden Kaninchen mit dünnem Nähfaden am Hutboden und male noch mit schwarzem Filzstift die Augen und Schnauzen der Tiere.

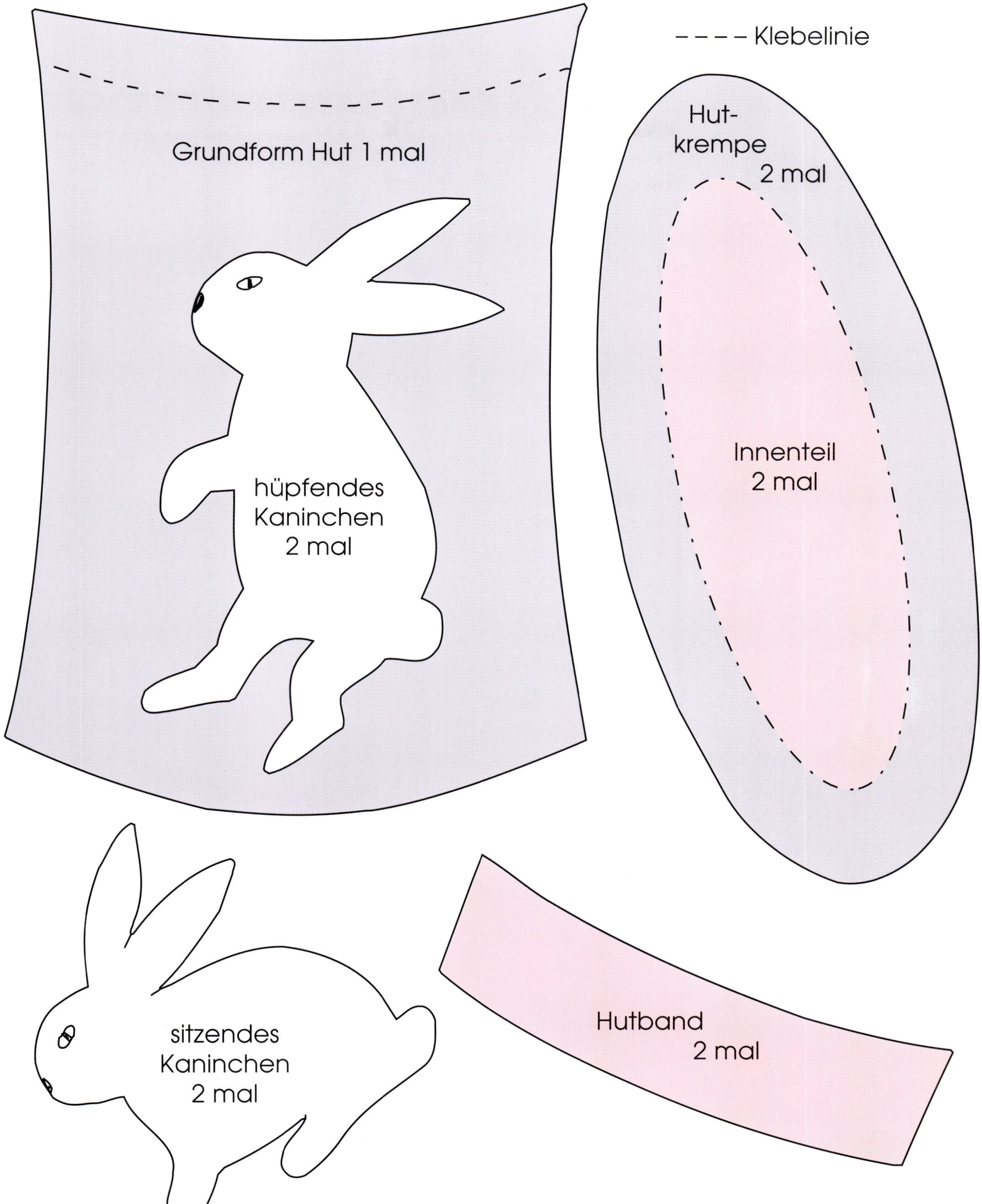
Klebelinie
Grundform Hut 1 mal
Hut-
krempe
2 mal
Innenteil
2 mal
hüpfendes
Kaninchen
2 mal
sitzendes
Kaninchen
2 mal
Hutband
2 mal

Zauberhafte Sachen

Bücherwurm

Material: Tonkarton, Tonpapier, Nähfaden, Alleskleber

Schneide das Buch jeweils einmal aus Tonkarton aus. Die Buchstaben löst du innen mit dem Cutter heraus. Beachte dazu meine Hinweise unter den allgemeinen Anleitungen. Den Buchrücken und die obere Buchkante schneidest du aus Tonpapier in einer anderen Farbe aus und klebst beides auf die Grundform des Buches auf. Für den Bücherwurm stellst du den Kopf aus Tonpapier her und bemalst ihn. Der Körper wird aus zwei 15 bis 20 cm langen und etwa 1,5 cm breiten Streifen Tonpapier gefaltet wie eine sogenannte „Hexentreppe" (siehe Skizze dazu). Das geht so: Du legst die beiden Streifen im rechten Winkel aufeinander und klebst sie fest. Nun faltest du sie abwechselnd von rechts nach links, von unten nach oben, und umgekehrt, bis die Streifen aufgebraucht sind. Zuletzt klebst du wieder die Enden zusammen, schneidest eventuell das überstehende Restchen ab und befestigst den Kopf des Wurms an der „Hexentreppe". Deinen Bücherwurm bringst du an einer beliebigen Stelle am Buch an. Auf diese Art und Weise stellst du noch weitere Bücher in anderen Farbzusammenstellungen her. Verbinde diese mit einem Nähfaden oder hänge sie einzeln in unterschiedlicher Länge auf.

Tip

Ein Buch ohne Wurm eignet sich prima als Lesezeichen und ist zusammen mit einem richtigen Buch ein persönliches Geschenk.

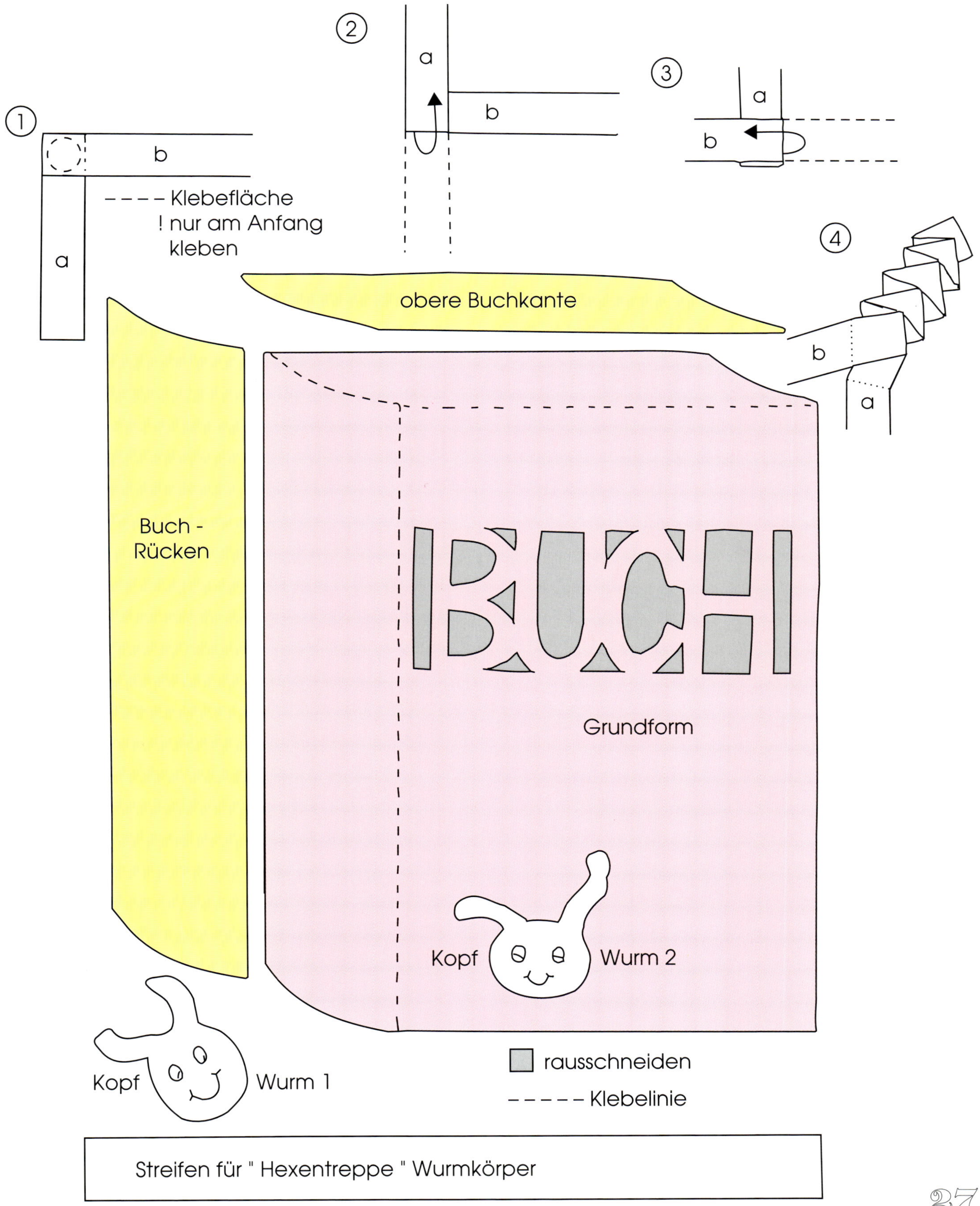

1
b
a
Klebefläche
! nur am Anfang kleben
2
a
b
3
a
b
4
b
a
obere Buchkante
Buch - Rücken
BUCH
Grundform
Kopf
Wurm 2
Kopf
Wurm 1
rausschneiden
Klebelinie
Streifen für " Hexentreppe " Wurmkörper

Zauberhafte Sachen

Mäuse auf Inlineskates

Material: Fotokarton, Tonpapier, Nähfaden, Filzstift, Alleskleber

Du schneidest die 3 Mäuse aus dem dickeren Fotokarton aus. Falls du dieses Fensterbild als Mobile aufhängen willst, muß es von beiden Seiten schön aussehen, wenn es sich dreht. Deshalb werden alle ausschmückenden Teile zweifach hergestellt.
Kleid, Rock, Hose, Schleife, die beiden Sonnenbrillen und die Inlineskates für alle 3 Mäuse, also 6 Stück, werden aus doppelt gelegtem Tonpapier hergestellt und beidseitig auf die Mäuse geklebt.
Achte beim Anbringen der Sonnenbrillen darauf, daß der Bügel zwischen den Ohren befestigt werden sollte.
Male bei den 3 Mäusen Mund und Nase, bei Maus 3 das Auge vorn und hinten.
Die Figuren verknüpfst du mit Nähfäden untereinander, wie du es auf dem Foto siehst.

Tip

Wenn du die Mäuse nur einseitig beklebst und vielleicht die Inlineskates wegläßt, kannst du daraus hübsche Tischkarten für ein „Mäusefest" basteln.

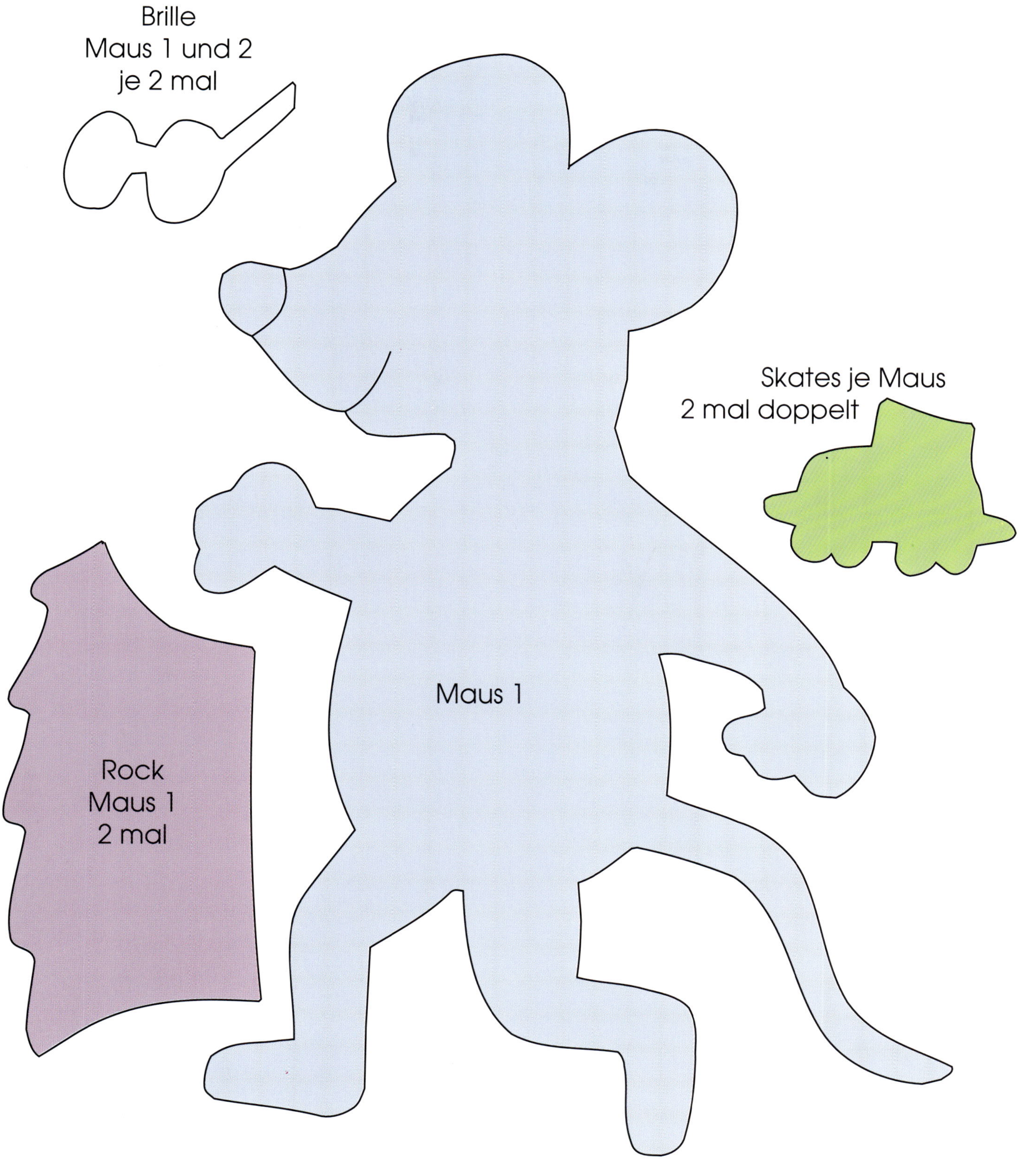
Brille
Maus 1 und 2
je 2 mal
Skates je Maus
2 mal doppelt
Maus 1
Rock
Maus 1
2 mal

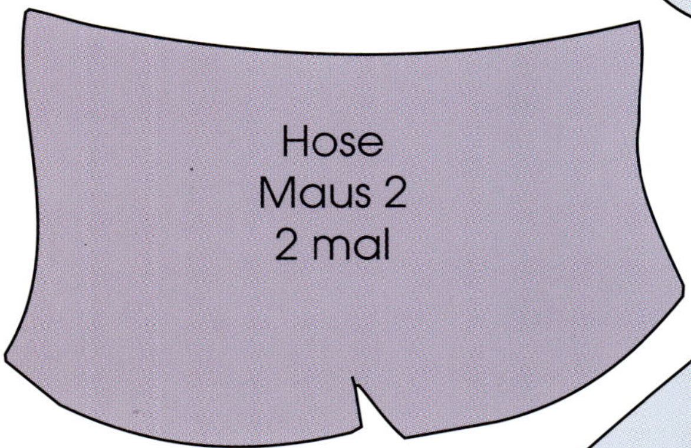
Hose
Maus 2
2 mal

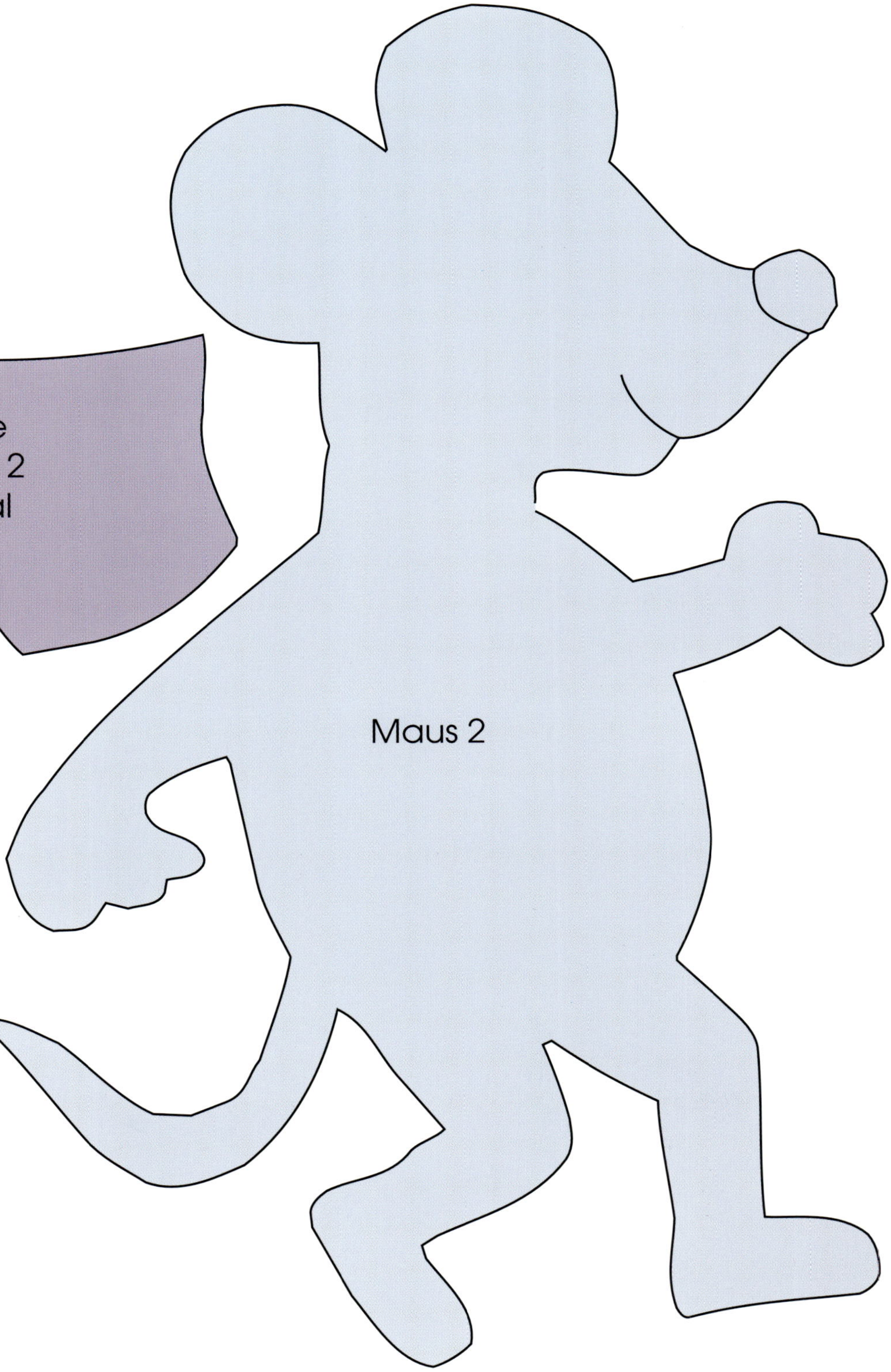
Maus 2

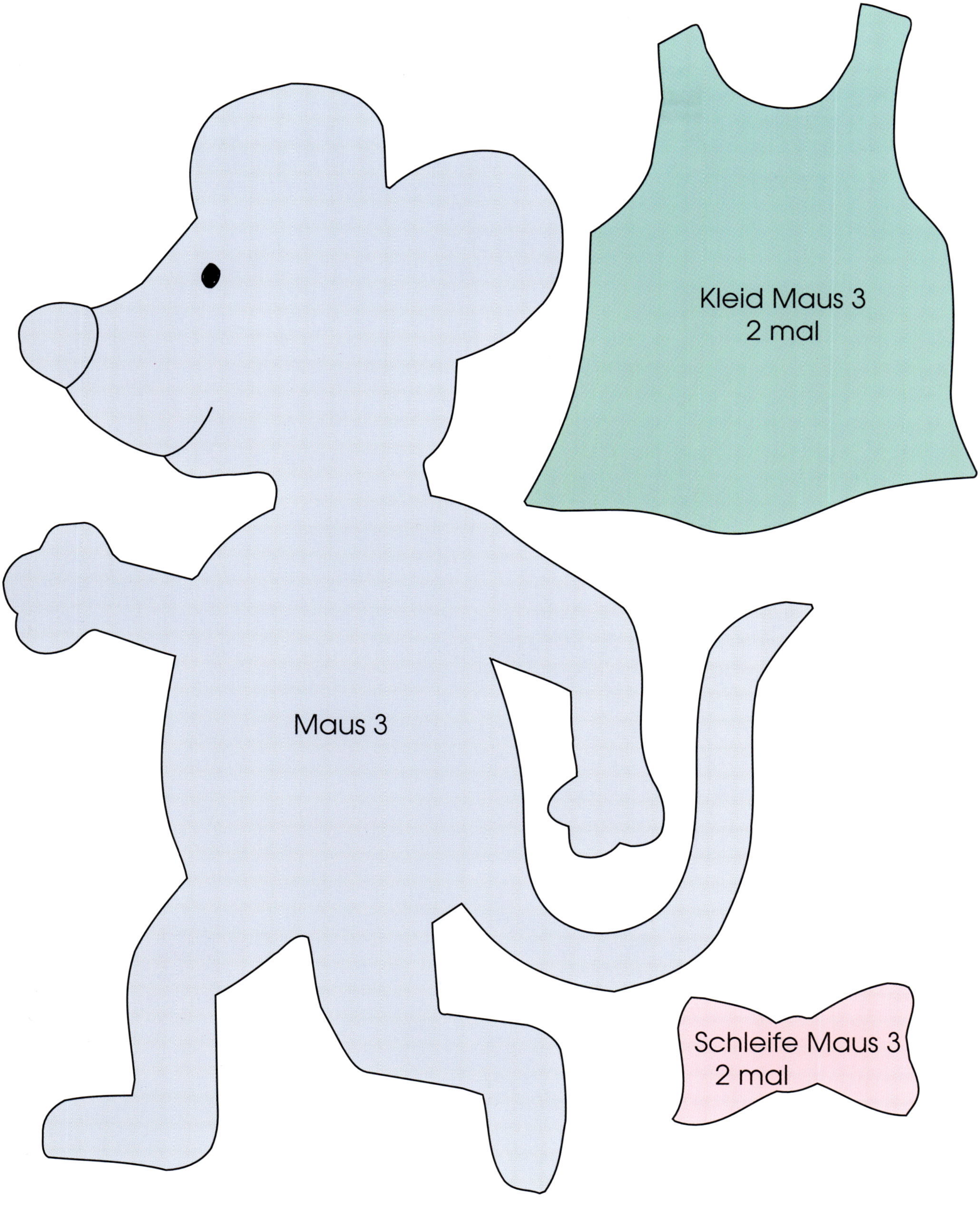
Kleid Maus 3
2 mal
Maus 3
Schleife Maus 3
2 mal

Clown am Fallschirm

Material: „Ursus Fotokarton", Tonpapier, Filzstifte, Nähfaden, Alleskleber

Aus dem stabileren Fotokarton werden die Jacke, die Hose, die Schuhe einmal und der Schirm zweifach hergestellt. Die Frisur, das Gesicht, das Hemd, die beiden Hände und Fußteile werden einfach, während die Halskrause, die Fußmanschetten und die Ärmelmanschetten gedoppelt aus Tonpapier ausgeschnitten werden. Du klebst das Hemd bis fast zum Halsrand auf die Jacke, darüber die Hose. Aber achte darauf, daß du nur am Bund und an den Oberschenkeln Kleber aufträgst, weil der Hosenboden auf der Rückseite hervorguckt. Die mit den Fußteilen versehenen Schuhe und die Hände klebst du am Rand auf die Hosenbeine und die Ärmel. Den Kopf befestigst du auf der Frisur und faßt gleich einen längeren Aufhängefaden dazwischen. Dann wird beides auf den Jackenausschnitt geklebt. Du mußt nun die Halskrause sowie die Fuß- und Ärmelmanschetten beidseitig und gegengleich anbringen. Lege den Aufhängefaden in der Mitte über ein Schirmteil und klebe ihn fest und darüber das Gegenstück des Schirms (siehe allgemeine Anleitungen).
Zum Schluß malst du die Ärmellinien, die rückseitigen Knöpfe, das Gesicht und die Schnürbänder, wie du es auf dem Foto erkennen kannst.

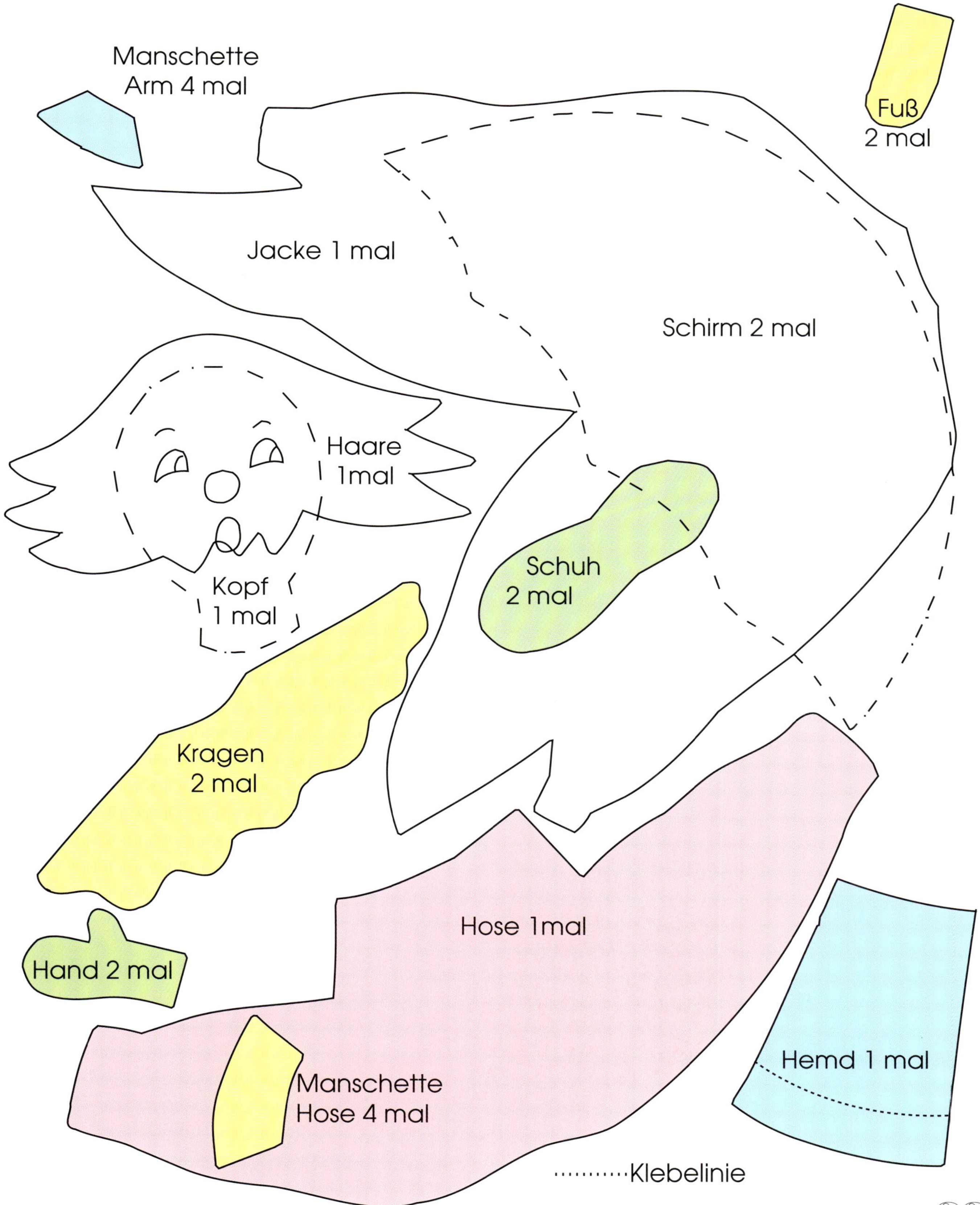
Manschette
Arm 4 mal
Fuß
2 mal
Jacke 1 mal
Schirm 2 mal
Haare
1mal
Kopf
1 mal
Schuh
2 mal
Kragen
2 mal
Hose 1mal
Hand 2 mal
Manschette
Hose 4 mal
Hemd 1 mal
Klebelinie

Zauberhafte Sachen

Fliegende Hexe

Material: Tonkarton, Tonpapier, Filzstifte, „Uhu Alleskleber extra"

Du schneidest entweder alle Teile gedoppelt aus Tonpapier, außer dem Besenstiel (Tonkarton), falls du das Fensterbild beidseitig schön haben möchtest, oder alles nur einmal aus Tonpapier.
Klebe die Hand unter den Ärmel und die Füße unter die Schuhe, dann ein Bein unter das Kleid. Der Kopf wird am Halsausschnitt des Kleides befestigt, darüber die Haare und das Kopftuch.
Du bestreichst den mittleren Teil des Besenstiels mit Klebstoff und drückst ihn hinter dem Kleid und der Hand an.
Das zweite Bein wird etwas versetzt von hinten gegen Besenstiel und Kleid geklebt.
Zum Schluß müssen noch die Schürze und die Besenborsten angebracht werden.
Jetzt kannst du den Aufhängefaden durch die Haare ziehen und deine Hexe kann losfliegen.

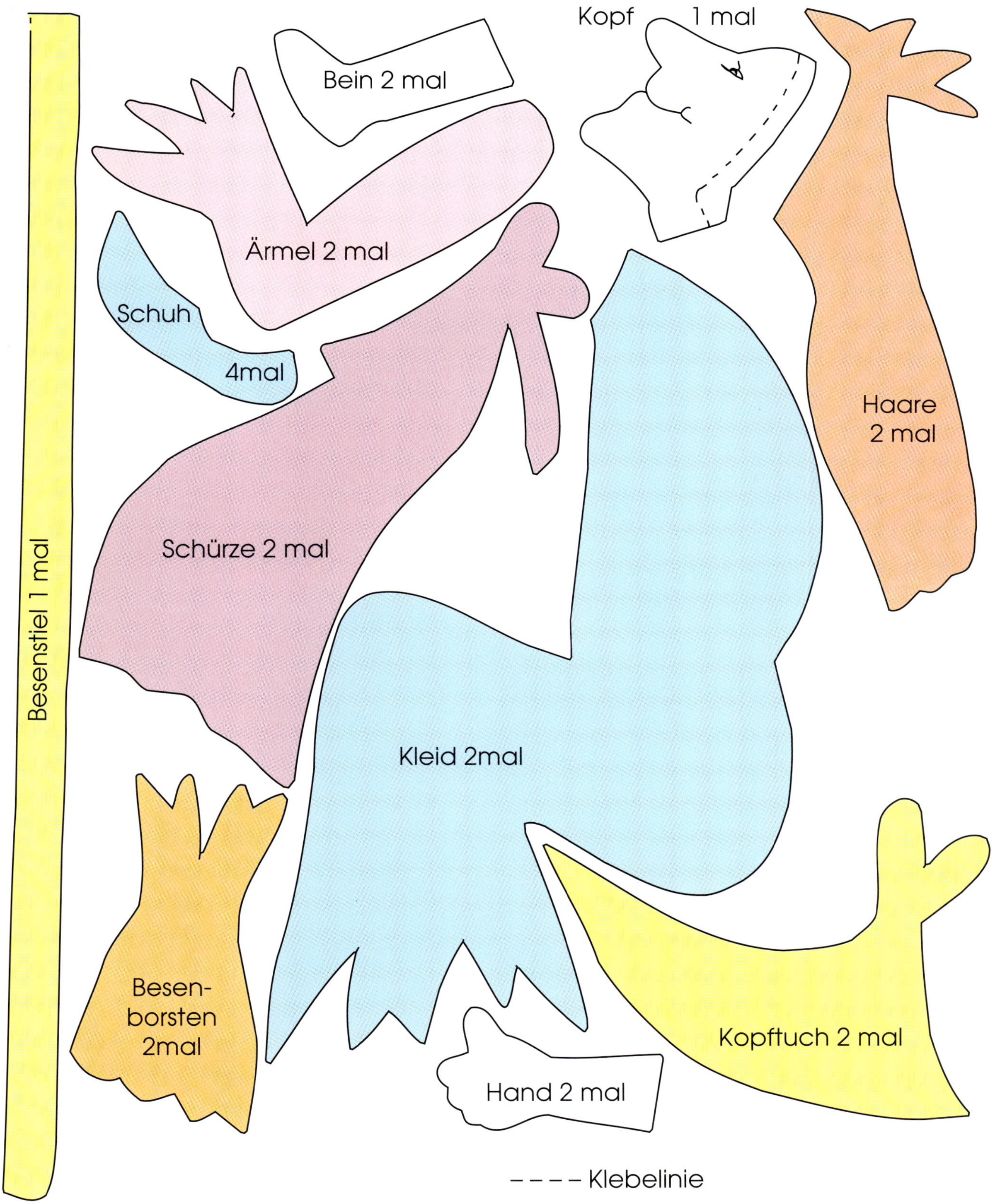

Besenstiel 1 mal
Bein 2 mal
Kopf 1 mal
Ärmel 2 mal
Schuh
4mal
Haare
2 mal
Schürze 2 mal
Kleid 2mal
Besen-
borsten
2mal
Kopftuch 2 mal
Hand 2 mal
---- Klebelinie

Schwäne

Material: Tonkarton, Tonpapier, Alleskleber

Bei diesem Fensterbild haben wir mal ein richtiges Fenster als Grundform.
Dieses stellst du auch wieder aus dem stabileren Tonkarton her.
Die beiden Schwäne und die Pflanze fertigst du am besten doppelt aus Tonpapier an und klebst sie von vorn und hinten so gegen das Fenster, daß sie aufeinanderpassen.

Pflanze

Schwäne

Loch
rausschneiden

Kuh

Material: Fotokarton, Tonpapier, „EFA Dicki Farbstifte", Alleskleber

Die Grundform fertigst du aus dem dickeren Fotokarton an. Den Kopf und den Körper der Kuh, die Sonne und die Blumenteile arbeitest du aus doppellagigem Tonpapier. Klebe zuerst den Kuhkörper, danach den Kopf und den Blumenstengel mit der eingeschnittenen Blüte von vorn und hinten auf die Grundform. Zwischen den beiden Sonnen bringst du den Nähfaden an und tupfst ihn mit einem Tropfen Klebstoff am oberen Rand fest, so daß sie beweglich ist. Male der Kuh das Gesicht und in die Mitte der Blüte einen farbigen Kreis.

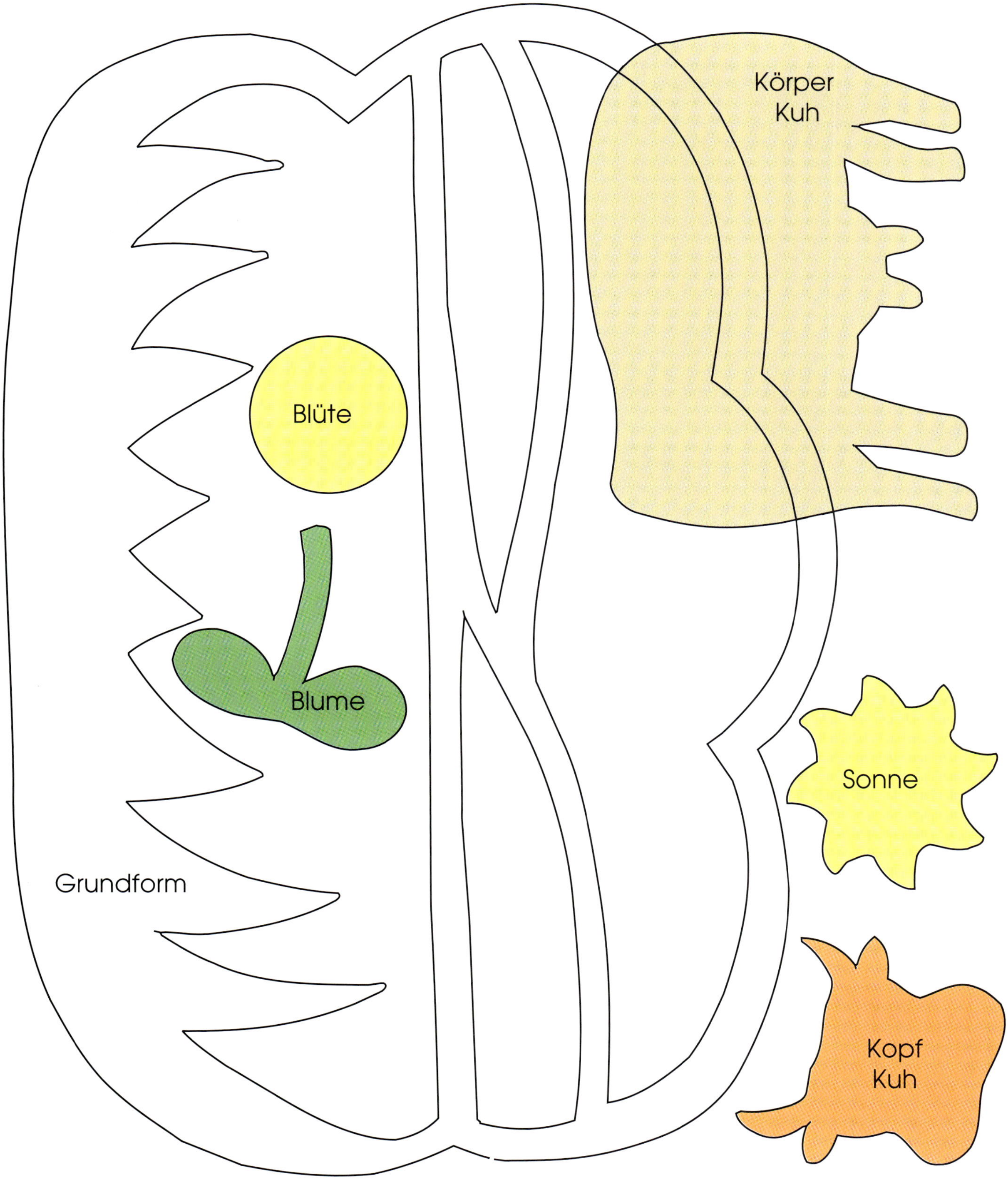
Körper
Kuh
Blüte
Blume
Sonne
Grundform
Kopf
Kuh

Schafe mit Zaun

Material: Fotokarton, Tonpapier, Nähfaden, „Uhu Alleskleber extra"

Den Zaun schneidest du zweimal aus Fotokarton. Die Schafe werden aus Tonpapier hergestellt. Du klebst dafür je ein Kopfteil und beide Füße zwischen die gedoppelte Körperform und faßt gleich einen längeren Nähfaden dazwischen. Damit die eingeschnittenen Ohren der Schafe aufgeklappt werden können, streichst du den Kleber nur ringsum innen auf. An jedem Zaun verknotest du jeweils an den beiden äußeren Pfosten je ein Schaf. Nun hängst du einen Zaun in der Mitte unter den anderen und bindest dort unten noch ein Schaf an.

Tip *Wenn du ein Schaf stark vergrößerst und aus stabilem Karton bastelst, kannst du ein Tischset daraus machen.
Die Beine können eventuell wegbleiben. Damit es abwaschbar ist, beziehst du es noch mit durchsichtiger Klebefolie.*

Zaun 2 mal

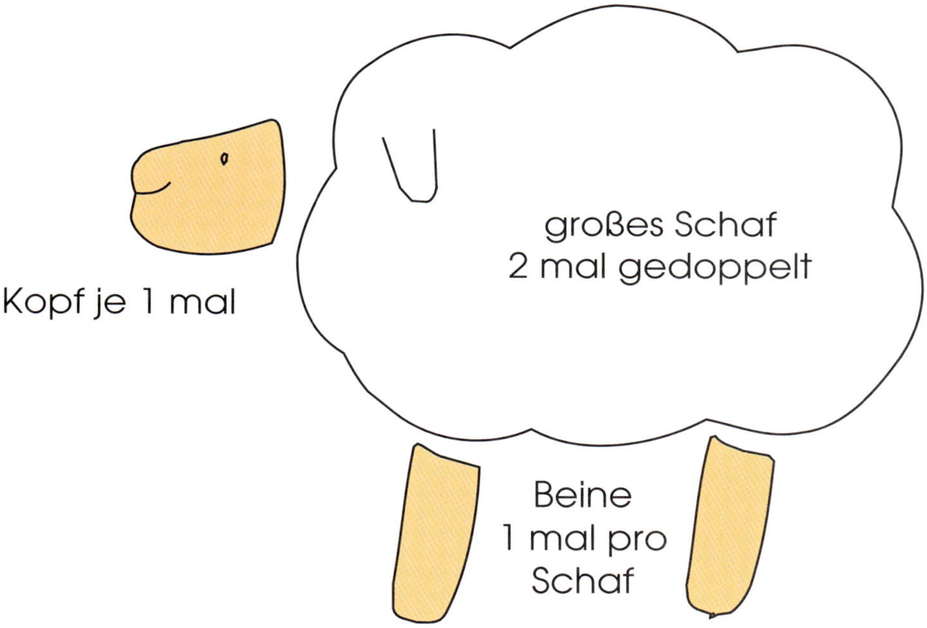
großes Schaf
2 mal gedoppelt
Kopf je 1 mal
Beine
1 mal pro
Schaf

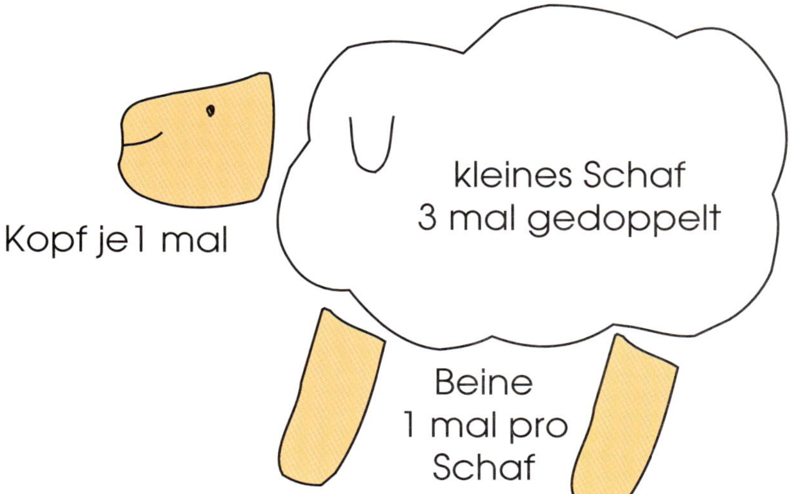
kleines Schaf
3 mal gedoppelt
Kopf je1 mal
Beine
1 mal pro
Schaf

Zirkuszelt

Tip

Du kannst auch anstelle des Zelts eine plastische Kuppel aus einem 18 bis 20 cm Durchmesser großen Kreis, aus dem du ein Viertel wegschneidest, basteln. In den Rand kannst du noch Bögen oder Zacken schneiden und die Kreisform zu einem Kegel zusammenkleben. Die Tiere können dir auch als Vorlage für einen Druckstempel zum Bemalen eines T-Shirts dienen.

Material: „Pelikan Regenbogen - Tonpapier", Fotokarton, Tonpapier, Wolle oder Kordel, Nähfaden, Kleber

Die Zeltkuppel und die Seitenteile schneidest du aus Regenbogen - Tonpapier, den Vorhang aus Tonpapier. Klebe über die Seitenteile und den Vorhang die Zeltkuppel. Der Elefant und das Kamel werden aus doppellagigem Tonpapier hergestellt, damit ein Schwanz aus einem Stück Wolle oder Kordel dazwischengeklebt werden kann. Beim Elefanten streichst du Kleber nur punktförmig an die Ohren, damit sie weggeklappt werden können. Der Löwe und der Affe werden einmal aus Fotokarton angefertigt, wobei der Löwe seine andersfarbige Mähne und der Affe sein Gesicht aus doppelt gelegtem Tonpapier auf die Vorder- und Rückseite bekommen. Knote nun die Tiere am Zelt mit Nähfaden an. Zum Schluß befestigst du die Fahne aus Fotokarton auf der Spitze des Zirkuszelts.

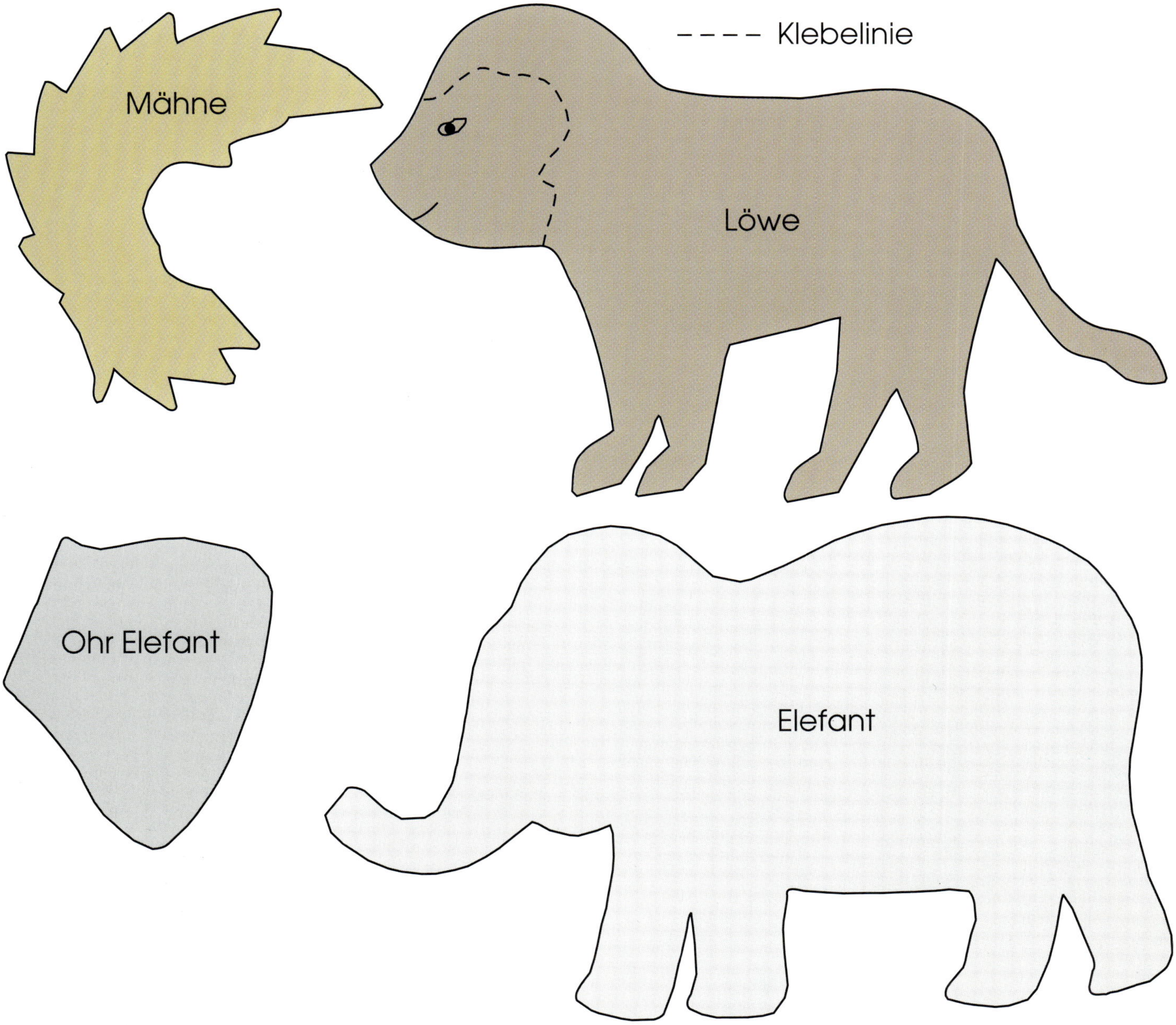

---- Klebelinie
Mähne
Löwe
Ohr Elefant
Elefant

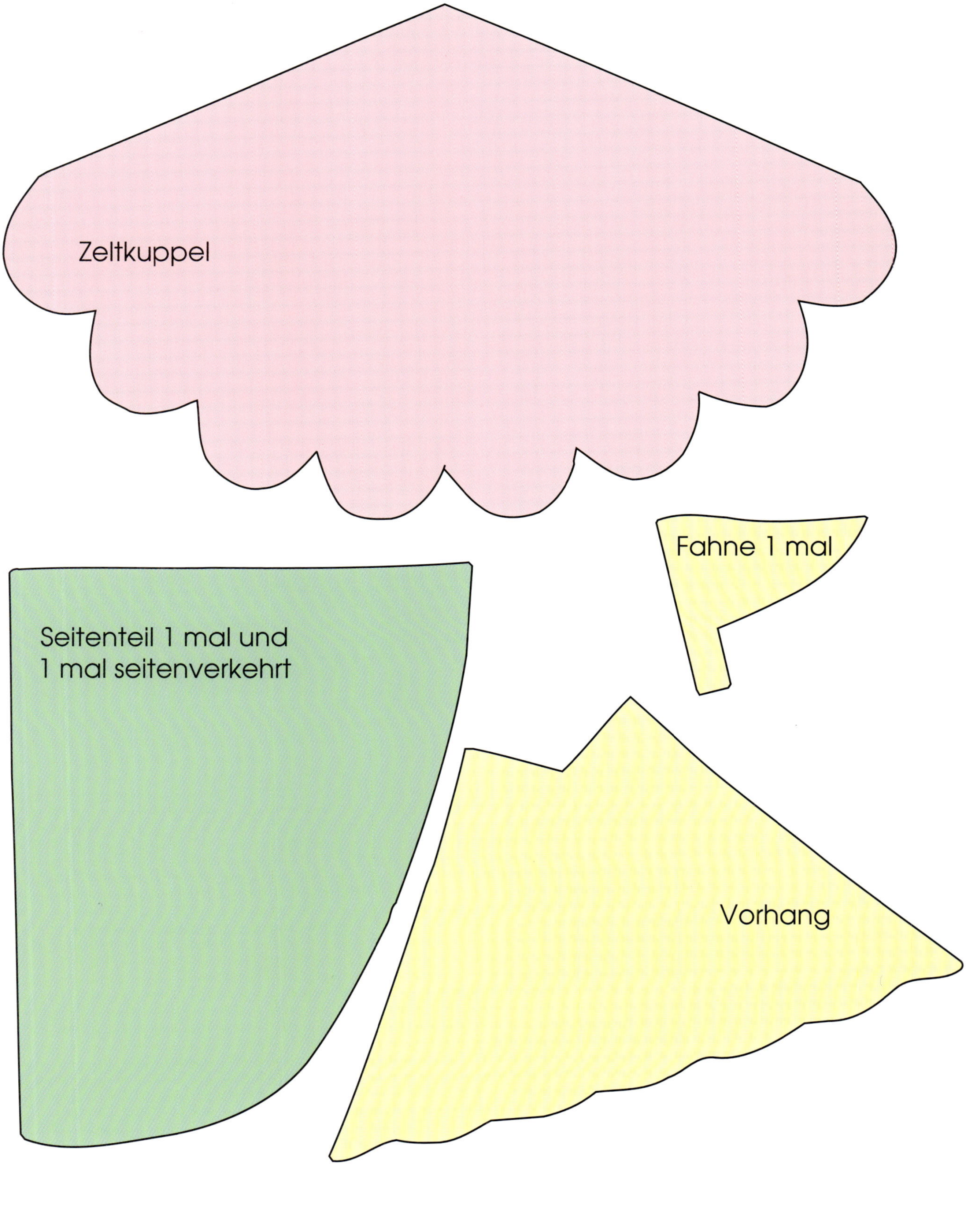
Zeltkuppel
Fahne 1 mal
Seitenteil 1 mal und
1 mal seitenverkehrt
Vorhang

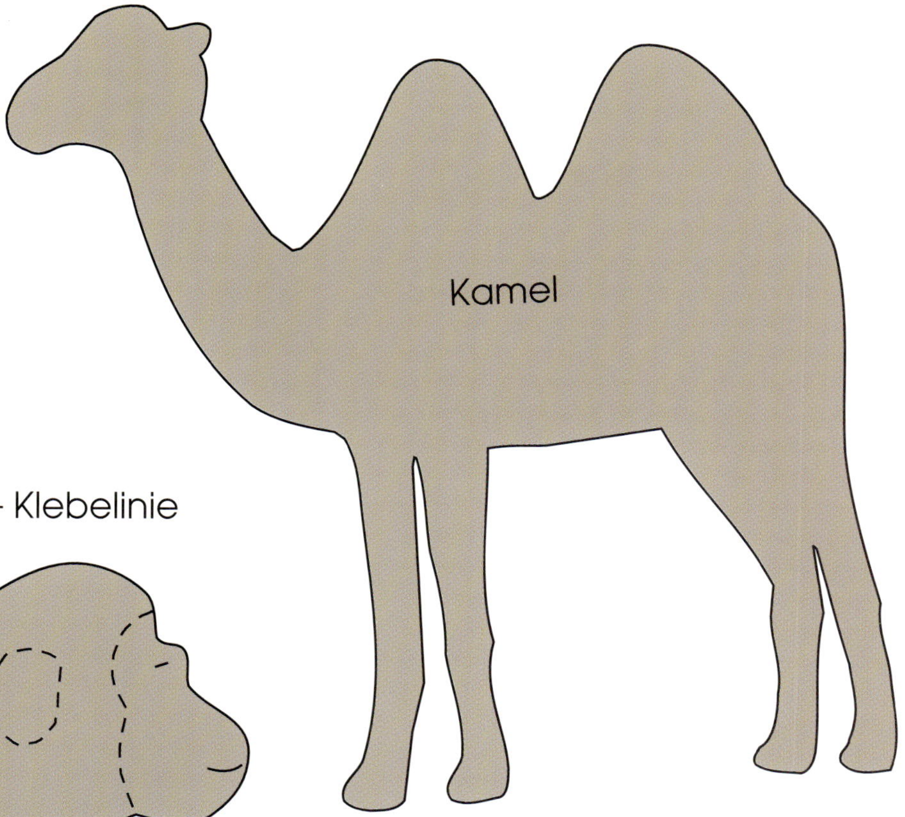

- - - - Klebelinie

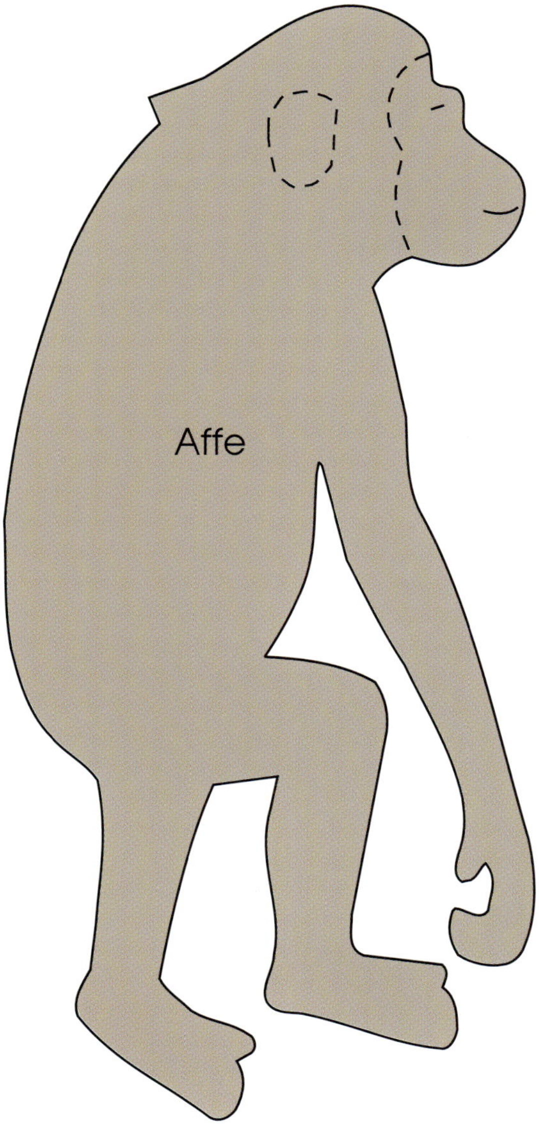

Ohr Affe

Kopf Affe

Apfelernte

Material: Tonkarton, Tonpapier, Nähfaden, Alleskleber

Du fertigst den Stamm und die Baumkrone einmal aus dem stabilen Tonkarton an.
Beachte beim Heraustrennen der Apfellöcher meine Hinweise vorn im Buch über den Umgang mit einem Cutter. Schneide aus Tonpapier etwa 7 Äpfel gedoppelt aus.
Klebe zwischen diese Teile je einen Nähfaden und drücke sie gut an. In jedes Loch der Baumkrone und unten an deren Rand klebst du die an Fäden hängenden Äpfel mit einem Tropfen Al!eskleber fest. Achte dabei darauf, daß der Faden nicht zu lang ist, damit sich deine Äpfel in den Ausschnitten drehen können. Nach dem Trocknen des Klebers kannst du die Fäden kürzen.

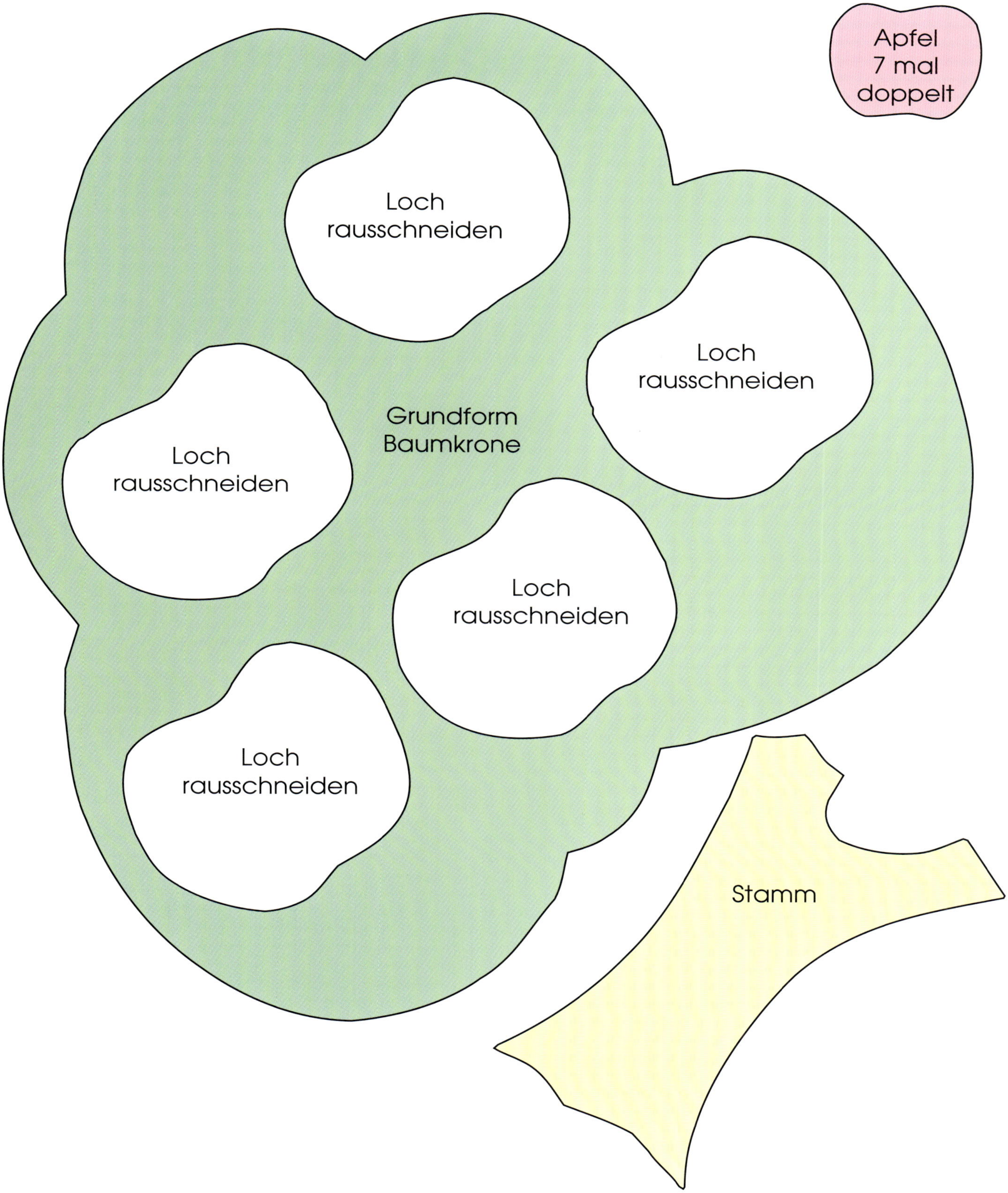
Apfel
7 mal
doppelt
Loch
rausschneiden
Loch
rausschneiden
Grundform
Baumkrone
Loch
rausschneiden
Loch
rausschneiden
Loch
rausschneiden
Stamm

Bärchen

Das Bärchen kannst du als Namensschild zum Umhängen verwenden, wenn du ihm ein Schild über den Bauch klebst und durch die Ohren eine längere Schnur zum Umhängen knotest.

Tip

Material: Fotokarton, Regenbogen-Tonpapier, „EFA Dicki Farbstifte“, Klebstoff

Das Bärchen arbeitest du aus dickerem Fotokarton. Male mit Filz- oder Dicki Farbstiften Ohren, Gesicht, Hände und Füße, wie du es auf dem Foto erkennen kannst, an.
Die Hose, die beiden Träger und die Schleife schneidest du aus dem Regenbogen-Tonpapier aus und klebst alles auf.
Willst du dein Bärchen im Raum aufhängen, solltest du die ausschmückenden Teile doppelt und gegengleich anbringen, damit es von beiden Seiten gleich aussieht.
Du kannst mehrere Bären untereinander oder nebeneinander aufhängen.

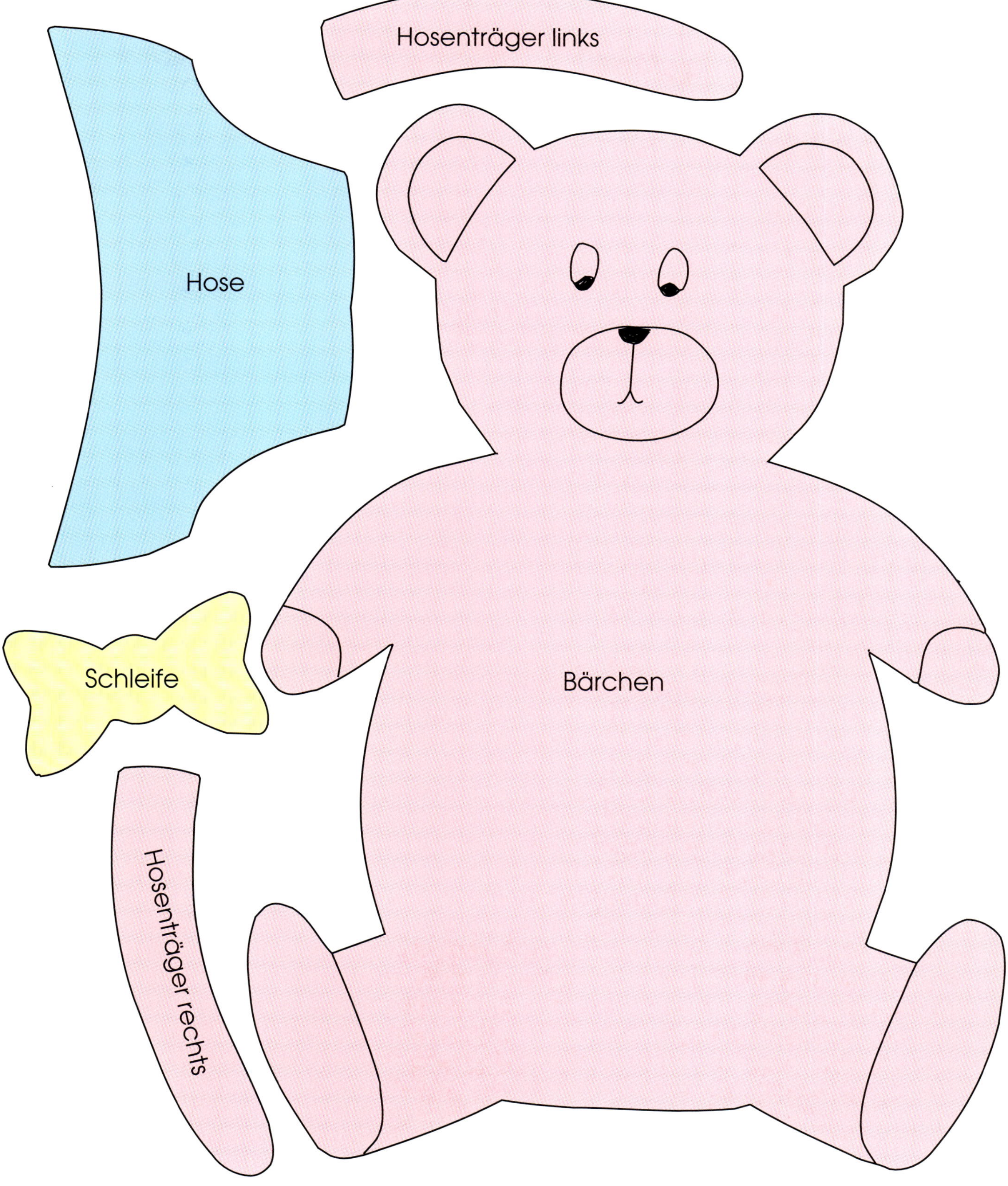
Hosenträger links
Hose
Bärchen
Schleife
Hosenträger rechts

Strand-Idylle

Material: Tonkarton, Tonpapier, Alleskleber

Schneide aus dem Tonkarton die Grundform aus.
Aus dem dünneren Tonpapier fertigst du die Palme, die Sonne und den Strandschirm doppelt und gegengleich an. Lege die Einzelteile auf die Grundform und klebe sie mit wenigen Klebstoffpunkten fest. Auf der Rückseite befestigst du die Gegenstücke.

Tip

Wäre dieses Fensterbild nicht als originelle Karte aus dem Urlaub zu verwenden? Du mußt es dann nur einfach herstellen und mit einem Blatt Papier hinterkleben oder an einer Stelle mit Klebeband darauf befestigen. So hat der Daheimgebliebene neben deinen Urlaubsgrüßen auch eine schöne Bastelarbeit von dir bekommen.

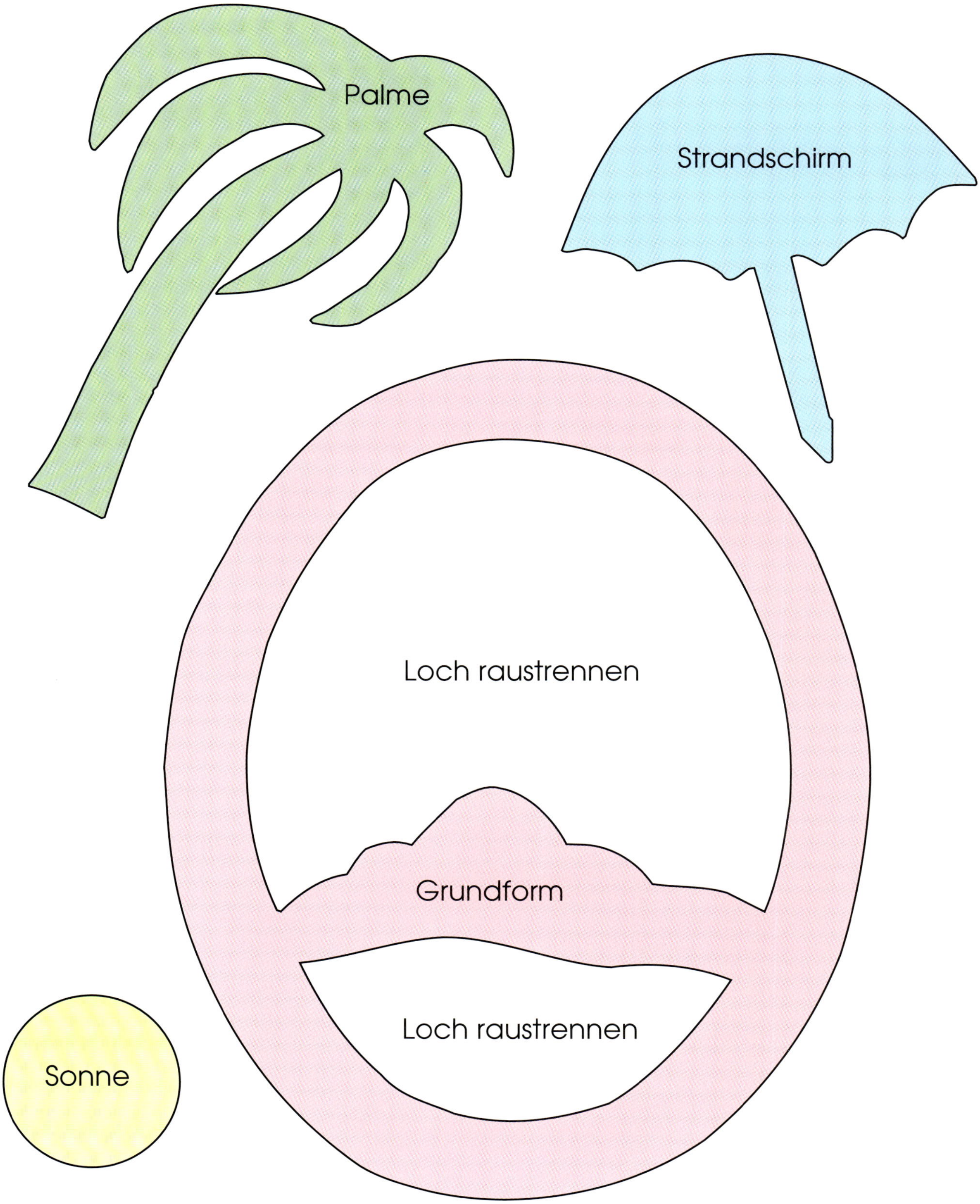
Palme
Strandschirm
Loch raustrennen
Grundform
Loch raustrennen
Sonne

Regenschirm-Parade

Material: „Ursus Fotokarton“, Regenbogen-Tonpapier, Nähfaden, Alleskleber

Aus dem Fotokarton schneidest du eine große und 2 oder 3 kleinere Wolken aus. Die großen und die kleinen Schirme stellst du aus Regenbogen-Tonpapier her, das du noch verstärken kannst, indem du zwei Bögen zusammenklebst. Hierbei dürfen Vorder- und Rückseite durchaus verschiedenartig getönt sein. An die große werden die kleinen Wolken und die Schirme in einer beliebigen Anordnung mit dem dünnen Nähfaden angeknotet.

Tip

Anstelle der Schirme lassen sich auch Drachen an die Wolken hängen. Die Vorlage dafür befindet sich ebenfalls auf dem Schnittmusterbogen.

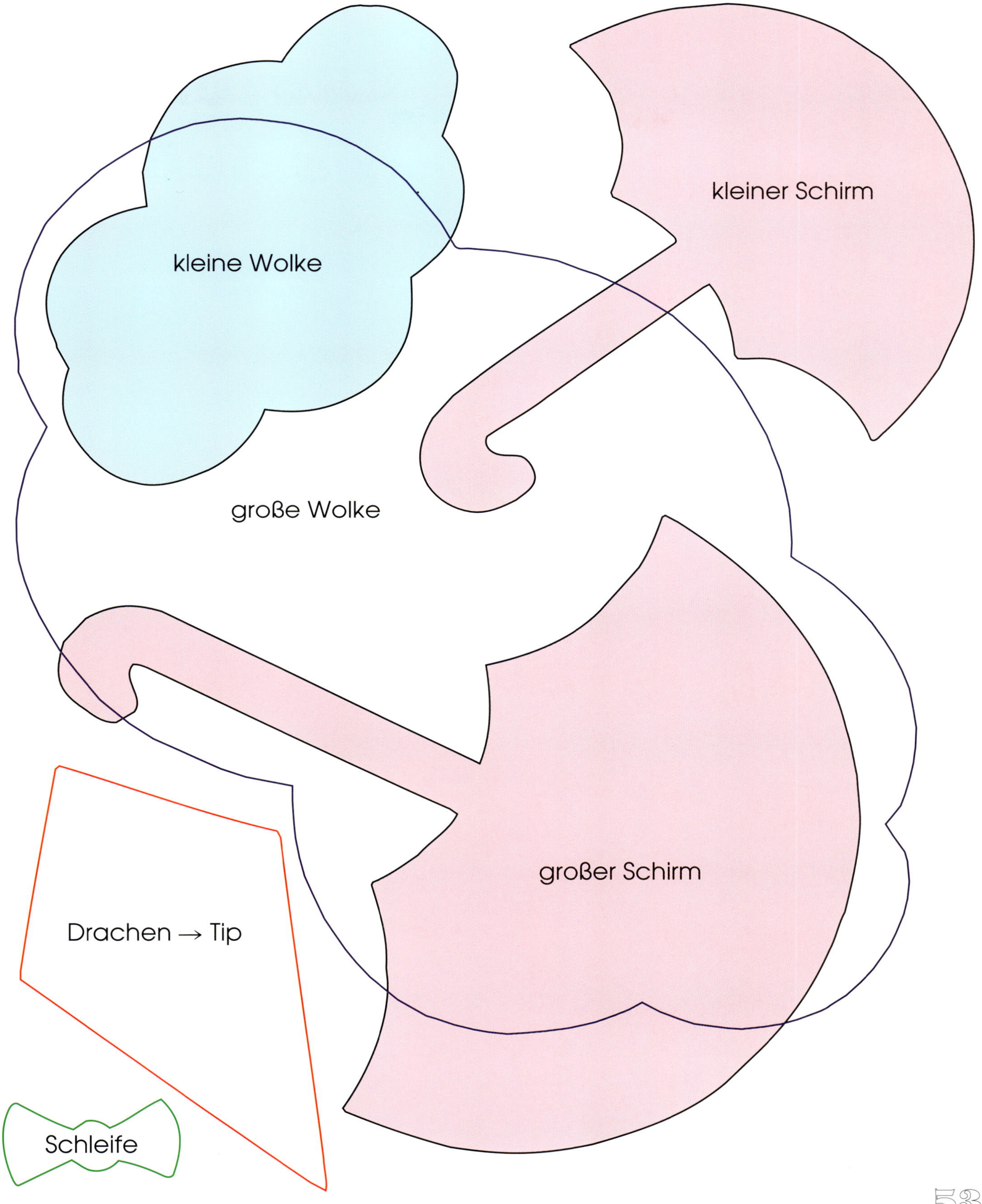
kleine Wolke
kleiner Schirm
große Wolke
großer Schirm
Drachen → Tip
Schleife

Clowns-gesicht

Material: Tonpapier, Regenbogen-Tonpapier, Nähfaden, Filzstifte, Alleskleber

Schneide alle Teile doppelt und gegengleich aus Tonpapier aus. Du legst dir die Einzelteile von oben nach unten einmal rechts und links hin: Hut, Augenpaare, Nase, Mund und Schleife. Achte darauf, daß die Gesichtsteile nicht zu weit auseinanderliegen, sonst wirkt es zu länglich. Klebe die beiden Augenpaare aufeinander und an der Spitze gegen den Hutrand. Lege einen langen Faden in der Mitte auf und fixiere ihn mit einem Klebstoffstrich, dann bestreichst du den Rest jedes Teils.
Drücke nun die Gegenstücke auf (siehe auch allgemeine Anleitungen).
Als Verzierung kannst du am Hut ein Herzchen oder eine Blüte anbringen.
Male die Mittellinie des Mundes und die Pupillen der Augen wie du es auf dem Foto siehst.

Tip

Anstelle der aus Pappe hergestellten Nase kannst du auch eine in der Mitte getrennte und wieder zusammengefügte Walnußschale um den Faden kleben.

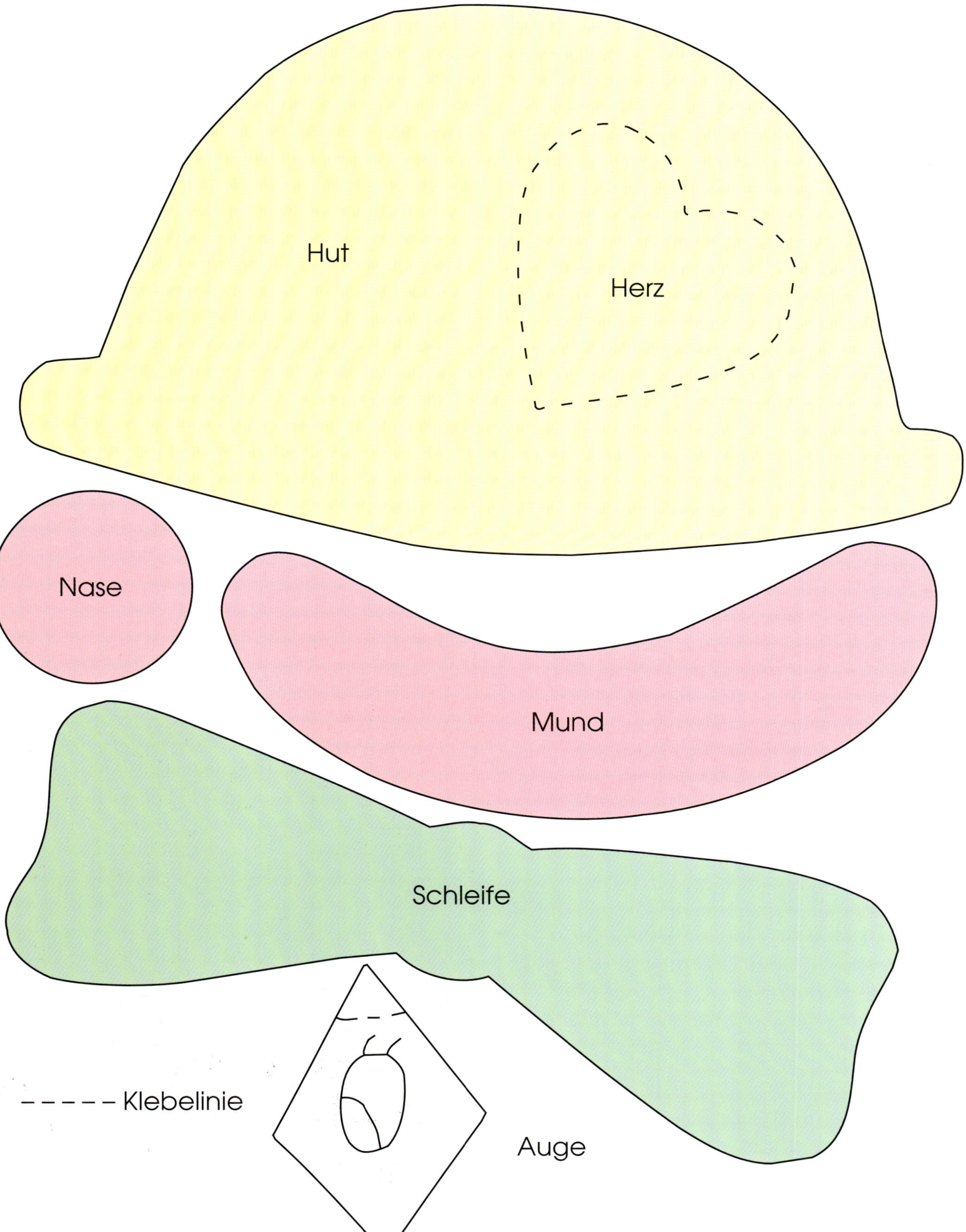
Hut
Herz
Nase
Mund
Schleife
Klebelinie
Auge

Familie Schneemann

Tip

Aus dem mittleren Schneemann kannst du einen Serviettenhalter als Tischkarte basteln. Dazu mußt du ein Loch aus der Mitte heraustrennen und den Körper unten als Standfläche gerade abschneiden. Durch das Loch steckst du eine länglich gefaltete Serviette, die das ganze standfest macht. Ich habe dir mit anderen Linien diese Abwandlung in die Vorlage eingezeichnet.

Material: Fotokarton, Tonpapier, „Pelikan Regenbogen-Tonpapier", Nähfaden, Filzstifte, Alleskleber

Du stellst den Körper der Schneemänner aus dem dickeren Fotokarton jeweils einmal her. Alle anderen Teile werden doppellagig aus Tonpapier ausgeschnitten. Klebe den Schal und die Nasen beidseitig gegen die Grundformen. Wenn du die Hüte anbringst, klebst du am besten gleich einen längeren Aufhängefaden dazwischen. Du knotest zwei mittlere Figuren an die Unterkante und eine an den Arm des großen Schneemanns. In das Loch hängst du den kleinen Schneemann so auf, daß er sich drehen kann. Male den Schneemännern die Augen auf.

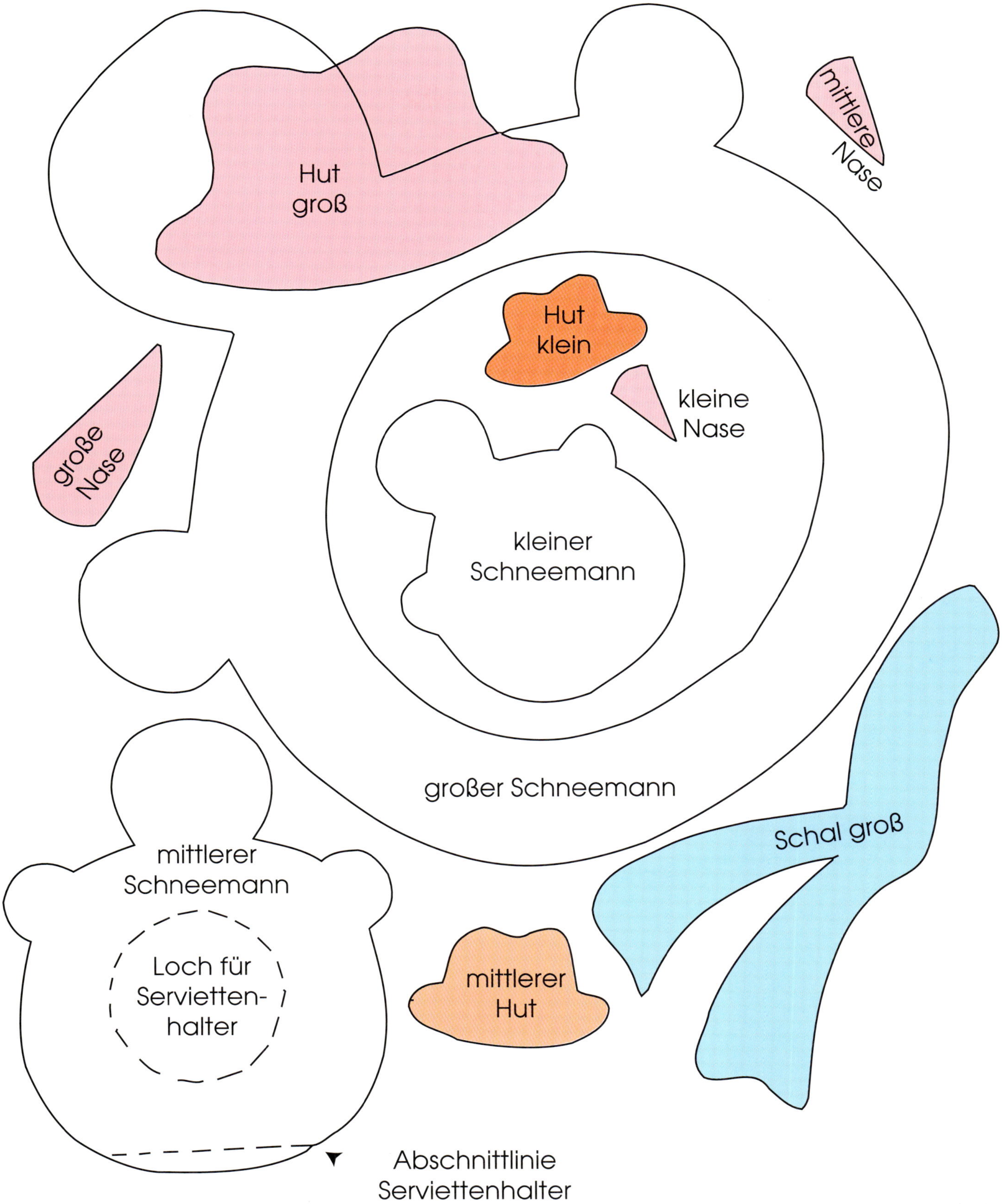
Hut groß
mittlere Nase
Hut klein
kleine Nase
große Nase
kleiner Schneemann
großer Schneemann
Schal groß
mittlerer Schneemann
Loch für Serviettenhalter
mittlerer Hut
Abschnittlinie Serviettenhalter

Schneemann auf Wolke

Material: „Ursus Fotokarton geprägt", Tonpapier, Regenbogen-Tonpapier, Filzstifte, Klebstoff

Den Körper schneidest du zweimal aus Fotokarton aus. Die Wolke und der Hut werden ebenfalls doppelt aus Regenbogen-Tonpapier hergestellt. Nase, Handschuhe, Schal und Besen benötigst du nur einmal.
Klebe zuerst den Schal und die Nase auf einen Schneemann. Die Wolke wird bei beiden Figuren einzeln angebracht. Befestige nun den Besen und darüber die Handschuhe am Vorderteil. Der Hut wird auf das Vorder- und Rückenteil und nun beide Hüte an der oberen Kante gegeneinander geklebt, wodurch die Teile des Schneemanns nur oben zusammengefügt sind. Male die Augen und Ärmellinien.
Zuletzt klebst du die beiden Laschen der Wolken aufeinander. So entsteht unten eine Standfläche und die Figur kann auch als Tischdekoration dienen.

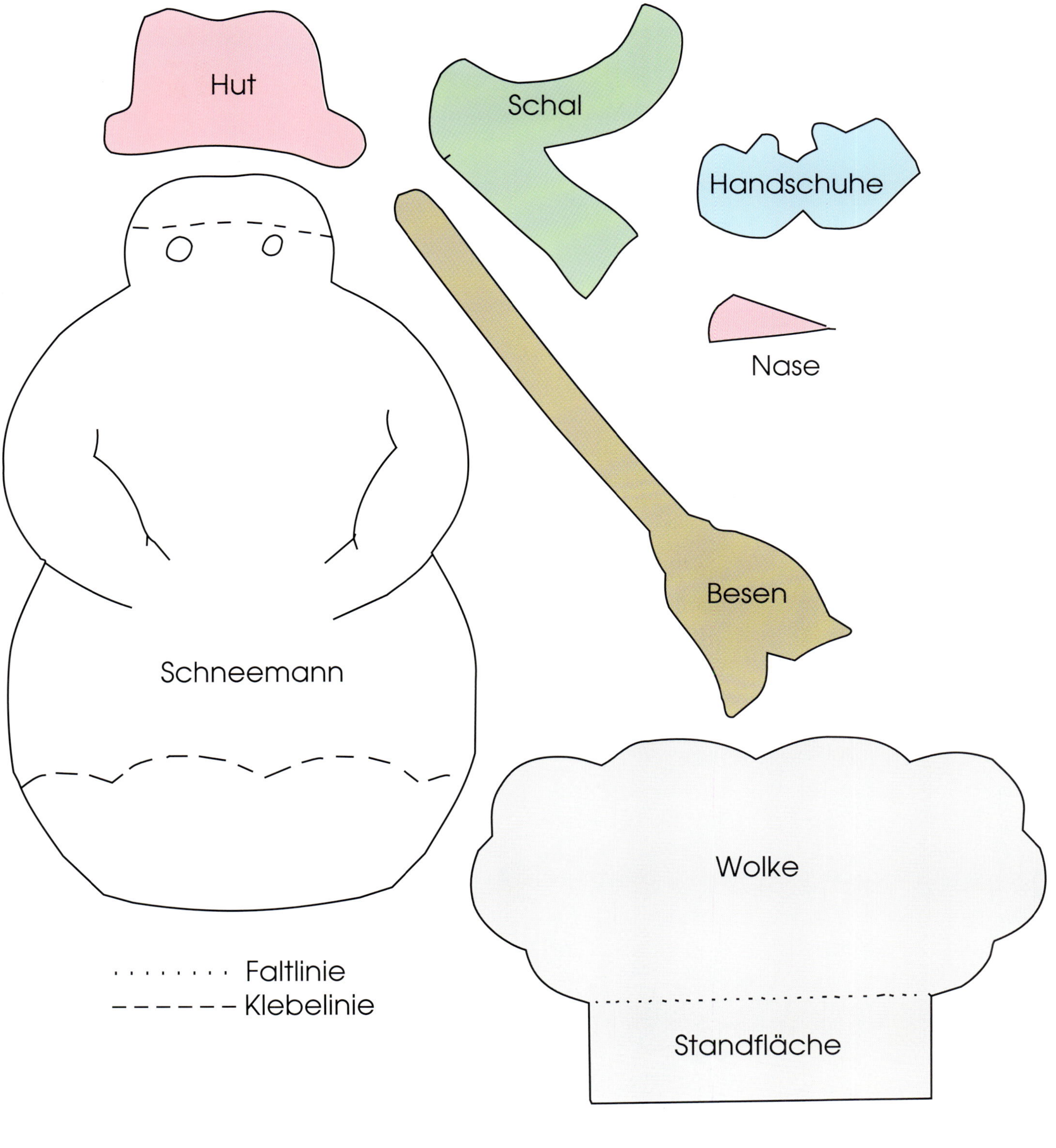
Hut
Schal
Handschuhe
Nase
Besen
Schneemann
Wolke
Standfläche
Faltlinie
Klebelinie

Weihnachtsmann mit Päckchen

Material: Tonkarton, Tonpapier, festes Geschenkpapier, leichte Graupappe, Nähfaden, Filzstifte, „Uhu Flinke Flasche"

Fertige die Grundform einmal aus Tonkarton an. Gesicht, Bart und Schnauzbart brauchst du nur einmal, alle anderen Teile doppelt aus Tonpapier herzustellen.
Für die Päckchen habe ich ein Stück Pappe beidseitig mit Geschenkpapier bezogen. Du kannst davon beliebig viele herstellen.
Zwischen die Schleifen habe ich gleich einen längeren Aufhängefaden eingeklebt.
Befestige das Gesicht hinter dem Ausschnitt im Bart und vorn den Schnauzbart.
Klebe alles auf die Grundform. Nun bringst du die Stiefel und die Handschuhe an. Über die untere Mantelkante wird beidseitig der Pelzrand und oben an die Mützenspitze die Bommel geklebt. Am Schluß knotest du die Päckchen in beliebiger Anordnung fest und malst Augen und Nase auf.

Tip

Fertige die Teile des Weihnachtsmannes aus Filz an und klebe oder nähe auf die Rückseite zusätzlich die Grundform, mit einem Tascheneingriff versehen, nur am Rand auf. Nun kannst du den Weihnachtsmann mit Süßigkeiten füllen. Daraus könnte auch ein Adventskalender entstehen.

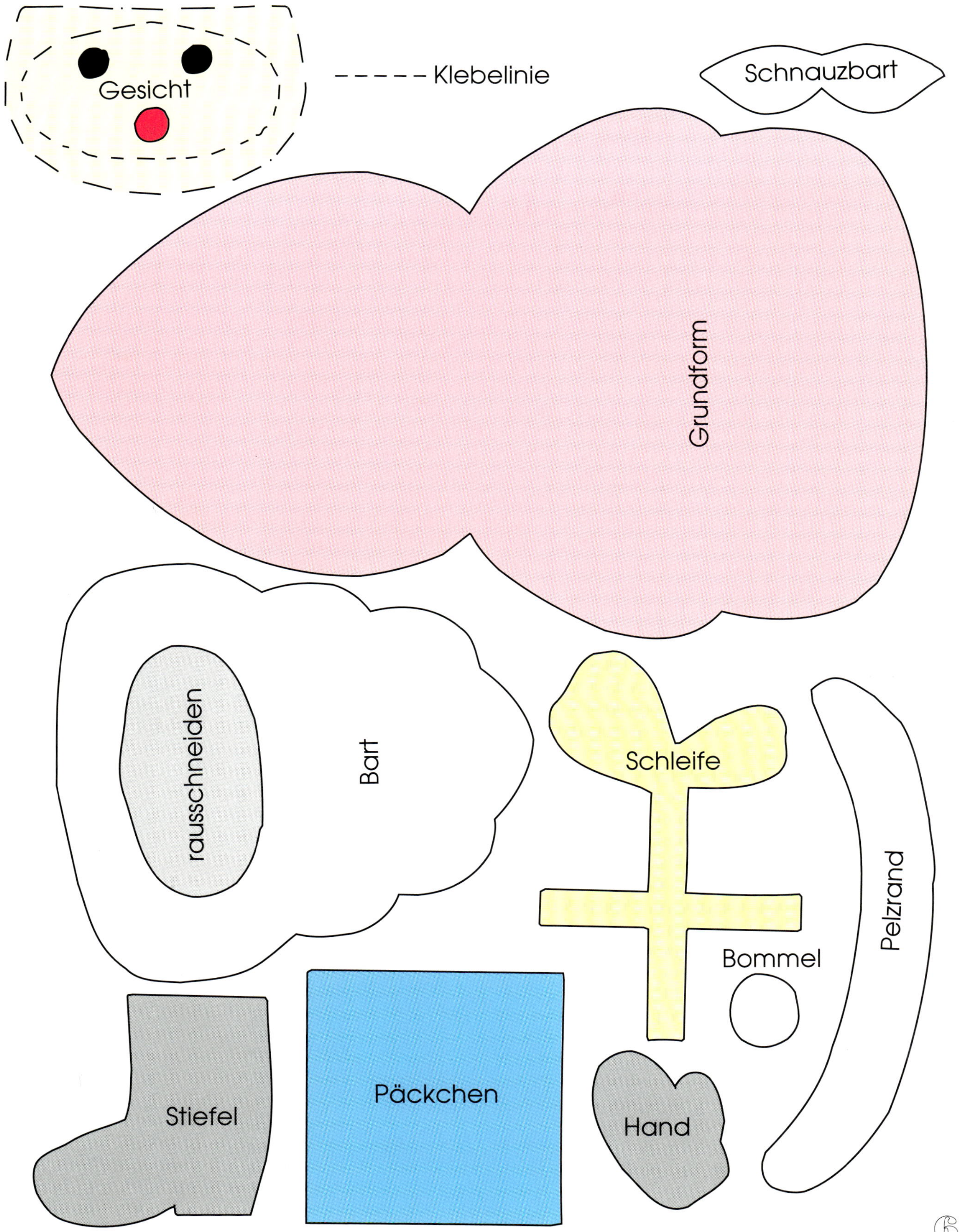
Gesicht
Klebelinie
Schnauzbart
Grundform
rausschneiden
Bart
Schleife
Pelzrand
Bommel
Stiefel
Päckchen
Hand

Skateboard-Nikolaus

Material: Tonkarton, Tonpapier, „Ursus Öko - Schnipselkarton“, Filzstifte, Klebstoff

Grundform, Skateboard, Sackzipfel und Sack fertigst du einmal aus dem stabileren Karton an. Alle anderen Teile werden aus Tonpapier hergestellt: Bart und Gesicht einmal, Stiefel, Jackenrandpelz, Hosenrandpelz, Hand, Bommel doppellagig und die Ärmelmanschette dreifach. Klebe das Gesicht hinter das Loch im Bart und dann auf die Grundform. Bringe die Stiefel und darüber den Pelzrand vorn und hinten an der Hose an. Ebenfalls beidseitig befestigst du den Jackenrandpelz und die Bommel. Klebe eine Hand an den ausgestreckten Arm und darüber vorn und hinten die Manschetten. Die andere Hand wird auf dem Sackzipfel und darüber die dritte Manschette angebracht. Alles klebst du gegen den Bart, wie du es auf dem Foto siehst. Bestreiche die geradere Sackseite mit einer Linie aus Klebstoff und drücke sie hinten gegen die Seite des Nikolaus, auf der der Arm gebeugt ist. Klebe nun die Figur an den Stiefeln auf das Skateboard. Du mußt jetzt nur noch Augen, Nase, Mund und die Hosenbein- und Ärmellinien sowie den Rand am Skateboard malen.

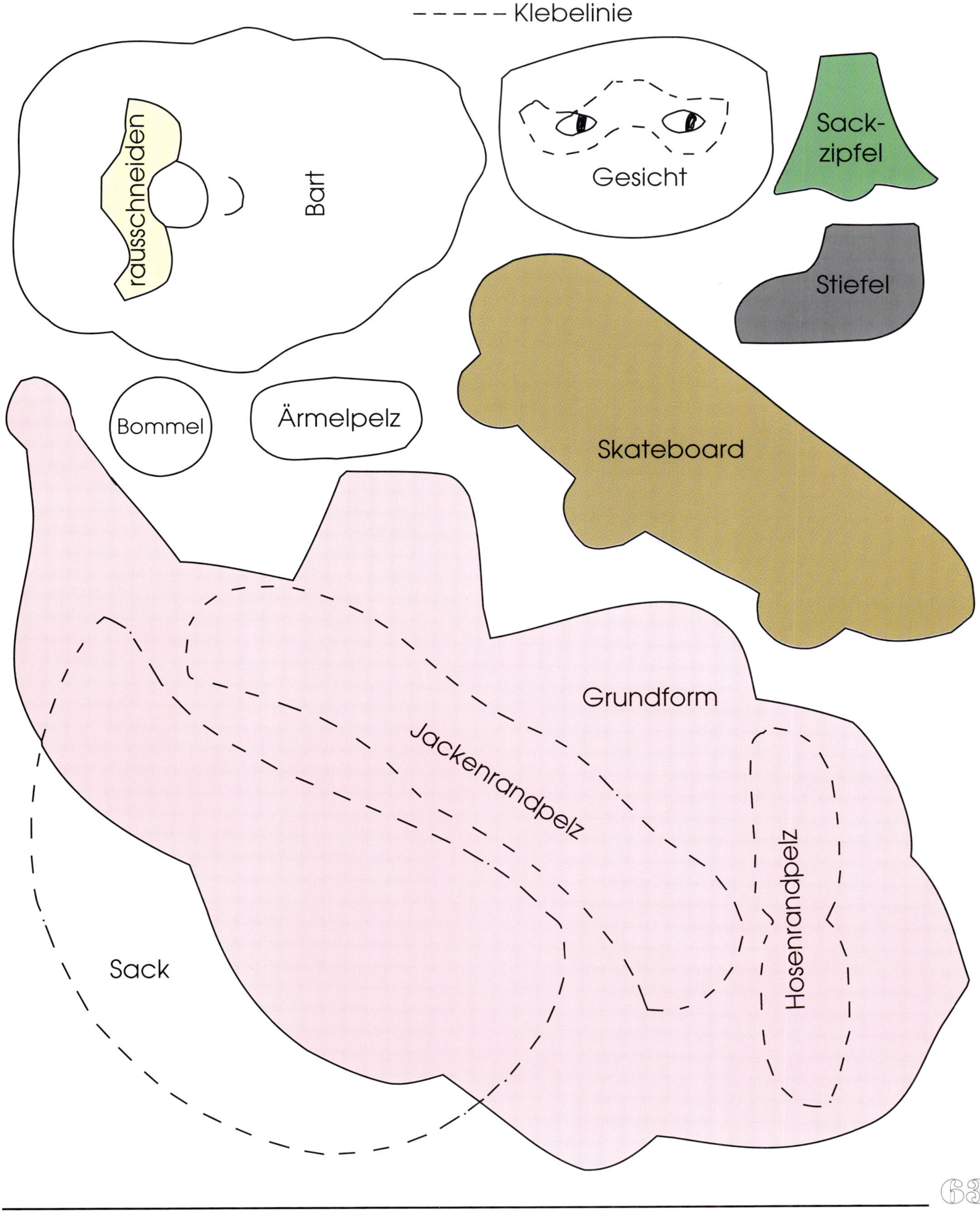
- - - - - Klebelinie
rausschneiden
Bart
Gesicht
Sack-
zipfel
Stiefel
Bommel
Ärmelpelz
Skateboard
Grundform
Jackenrandpelz
Hosenrandpelz
Sack

Nikolaus am Fallschirm

Material: Fotokarton, Tonpapier, Regenbogen-Tonpapier, Nähfaden, Filzstifte, Alleskleber

Du fertigst die Grundform einmal aus Fotokarton; Bart, Schnauzbart und Gesicht einmal aus Tonpapier an. Alle anderen Teile benötigst du doppelt. Befestige das Gesicht hinter dem Loch im Bart und darüber den Schnauzbart und alles vorn auf der Grundform. Bommel, Pelzrand und Stiefel klebst du auf der Vorder- und Rückseite auf. Zwischen dem gedoppelten Fallschirm bringst du gleich die Aufhängefäden mit an. Diese führst du nach unten zum Körper des Nikolaus und befestigst darüber die Hände mit dem Ärmelpelz. Male noch Augen, Nase und Ärmeltrennlinien. Nun ist dein Nikolaus bereit zum Absprung mit seinem Fallschirm.

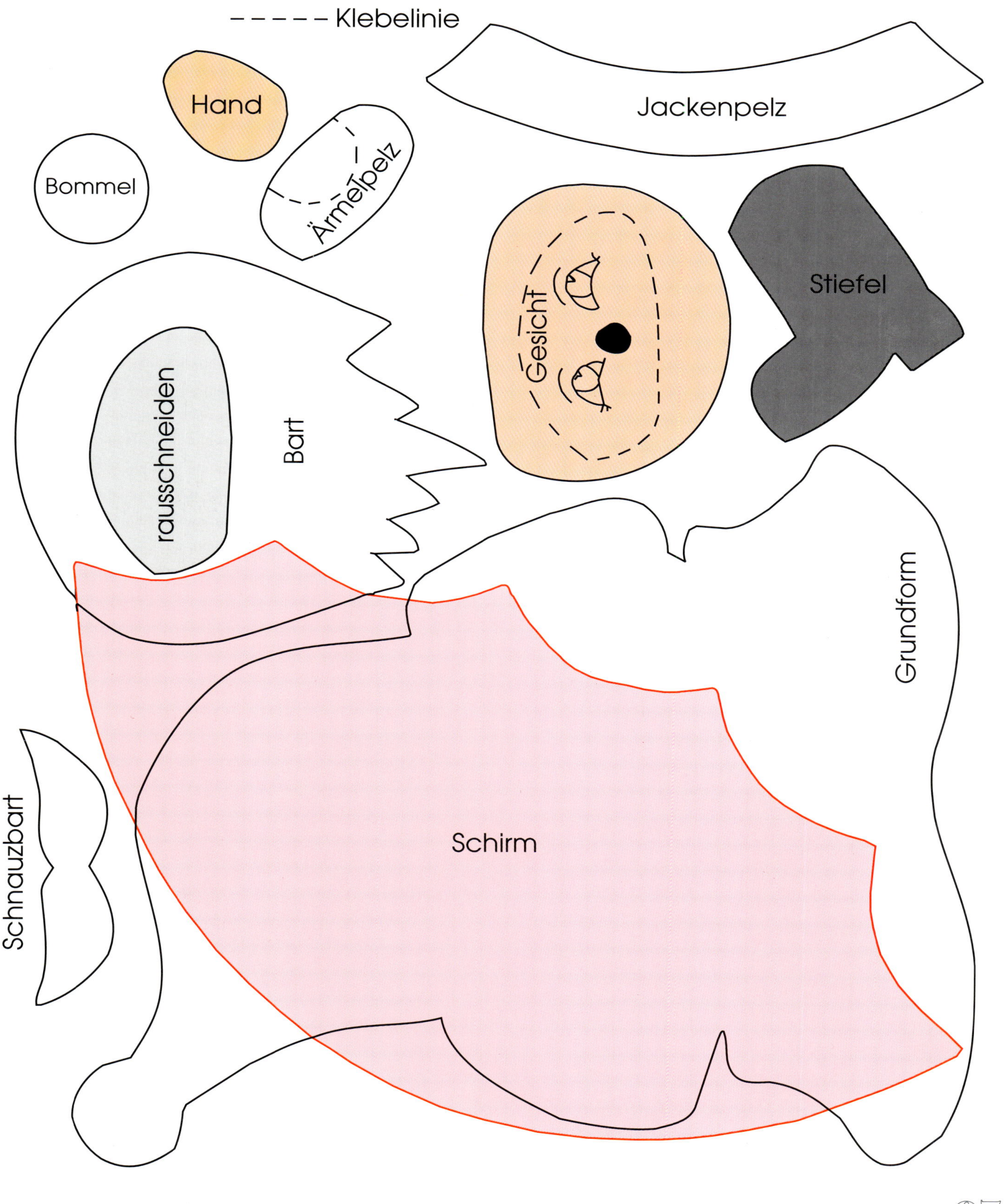

- - - - - Klebelinie
Hand
Jackenpelz
Bommel
Ärmelpelz
Gesicht
Stiefel
rausschneiden
Bart
Grundform
Schnauzbart
Schirm

Engel im Mond

Tip Den Engel kannst du auch so oder verkleinert hergestellt, mehrfach an einen schlichten Adventskranz als Dekoration hängen.

Material: Tonpapier, „Pelikan Bastelfolie“, Sternchenbastelfolie, leichte Graupappe, Stifte, Alleskleber

Du stellst das Kleid, die Ärmel, Arme, Beine, Flügel und Haare doppelt aus Tonpapier bzw. Sternchenbastelfolie her. Das Gesicht und der Mond werden einmal benötigt. Für den Mond beziehst du ein Stück Pappe auf beiden Seiten mit goldener oder silberner Bastelfolie.
Beine und Kopf klebst du hinter ein Kleid und so auf den Mond, daß der Engel sitzen kann. Die Gegenstücke werden rückwärtig passend aufgeklebt. Die Haare und Flügel befestigst du ebenfalls vorn und hinten. Klebe die Ärmel auf die Arme und füge sie an der Schulter über den Flügeln an, aber einen Arm etwas versetzt.
Am Schluß malst du dem Engel Augen, Mund und die Trennlinie zwischen beiden Beinen.

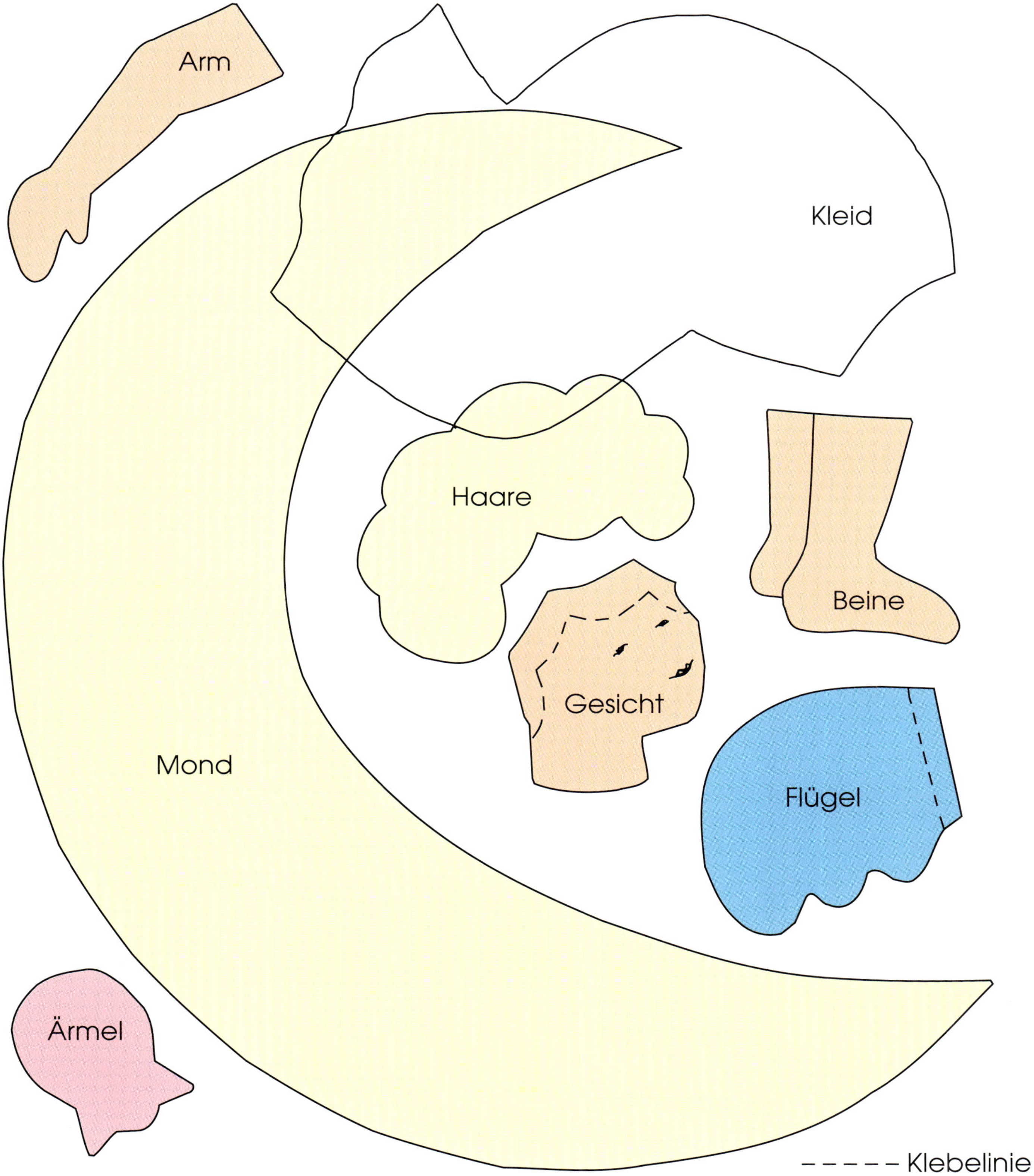
Arm
Kleid
Mond
Haare
Beine
Gesicht
Flügel
Ärmel
----- Klebelinie

Schaukelnder Engel

Material: Sternchenbastelfolie, Bastelfolie, Tonpapier, leichte Graupappe, Regenbogen-Tonpapier, Klebstoff

Alle Teile, außer dem Flügel und dem Fuß, brauchst du nur einfach auszuschneiden.
Den Mond stellst du aus beidseitig, mit goldener oder silberner Bastelfolie beklebter Pappe her.
Befestige zuerst beide Arme am Mond, dann das Kleid und die Schleife. Klebe nun die beiden Flügel an den Klebelinien gegen die Schultern und darüber die Haare.
Die Flügel lassen sich auch wegklappen. Zum Schluß klebst du die beiden Füße unter das Kleid.

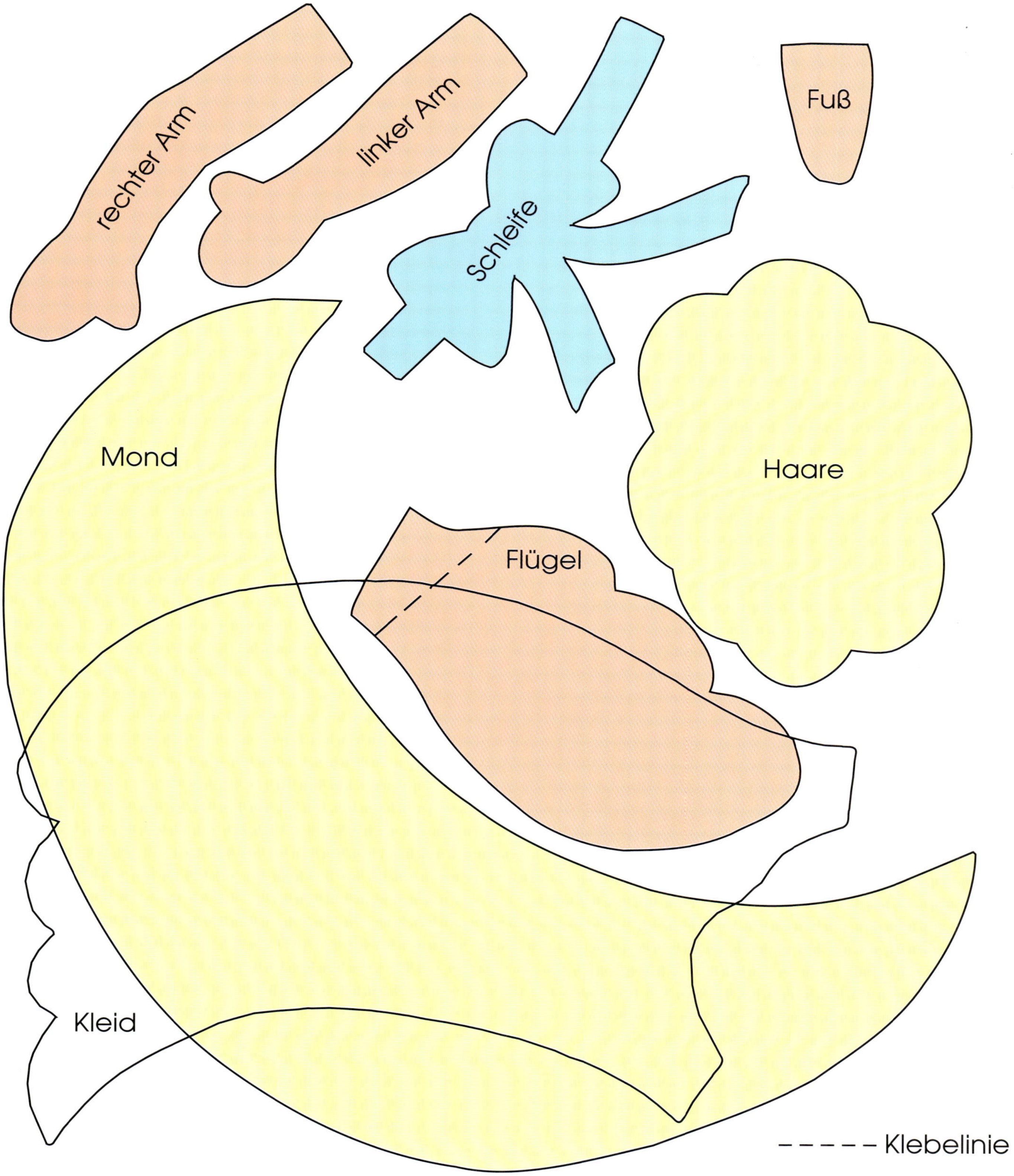
rechter Arm
linker Arm
Schleife
Fuß
Mond
Haare
Flügel
Kleid
Klebelinie